壮族是我国南方地区的土著民族，秦汉以前处于独立发展的历史阶段，秦汉以后一直处于中央王朝的治理之下。历史上，在壮族聚居的不同地区采用了不同的统治方式，土司制度就是其中一种典型的社会制度。壮族主要聚居在广西壮族自治区的桂中、桂西、桂北和桂南，散居广西全境。

国家出版基金项目

走近中国少数民族丛书

主　编/丹珠昂奔

壮　族

Zhuangzu

黄佩华 著

辽宁民族出版社

图书在版编目（CIP）数据

壮族 / 黄佩华著. —沈阳：辽宁民族出版社，2014. 12
（2020.5重印）
（走近中国少数民族丛书 / 丹珠昂奔主编）
ISBN 978-7-5497-0956-4

Ⅰ. ①壮…　Ⅱ. ①黄…　Ⅲ. ①壮族— 民族历史 — 中国 ②壮族 — 民族文化 — 中国　Ⅳ. ①K281.8

中国版本图书馆CIP数据核字（2014）第310913号

走近中国少数民族丛书 · 壮族

ZOUJIN ZHONGGUO SHAOSHU MINZU CONGSHU · ZHUANGZU

丛书策划 / 李凤山

出版发行者：辽宁民族出版社
地　　址：沈阳市和平区十一纬路25号　邮编：110003
印 刷 者：晟德（天津）印刷有限公司
幅面尺寸：170mm×240mm
印　　张：13.5
字　　数：200千字
出版时间：2014年12月第1版
印刷时间：2020年5月第2次印刷
责任编辑：李凤山　吴昕阳
助理编辑：李　欣
封面设计：杜　江
责任印制：杨　雪
责任校对：边京爱

标准书号：ISBN 978-7-5497-0956-4
定　　价：38.00元

网　址：www.lnmzcbs.com　　邮购热线：024-23284335
淘宝网店：http：// lnmz2013.taobao.com
如有印装质量问题，请与出版社联系调换　联系电话：024-23284340

《走近中国少数民族丛书》编辑委员会

《走近中国少数民族丛书》作者名录

《蒙古族》 萨仁图娅（蒙古族）
《回族》 许宪隆（回族） 张龙（汉族）
《藏族》 丹珠昂奔（藏族）
《维吾尔族》 艾克拜尔·吾拉木（维吾尔族）
买力克·买买提（维吾尔族）
伊利迪尔（维吾尔族）
《苗族》 石莉芸（苗族） 李云兵（苗族）
《彝族》 陈国光（彝族）
《壮族》 黄佩华（壮族）
《布依族》 周国炎（布依族）
《朝鲜族》 黄有福（朝鲜族）
《满族》 于今（满族）
《侗族》 杨筑慧（侗族）
《瑶族》 玉时阶（壮族）
《白族》 董建中（白族）
《土家族》 罗中（土家族） 罗午（土家族）
《哈尼族》 朱志民（哈尼族） 李泽然（哈尼族）
《哈萨克族》 艾克拜尔·米吉提（哈萨克族）
伊拉达·拉音别克（哈萨克族）
《傣族》 赵瑛（傣族）
《黎族》 罗文雄（黎族）
《傈僳族》 鲁建彪（傈僳族） 欧光明（傈僳族）
《佤族》 郭锐（佤族）
《畲族》 钟亮（畲族）
《台湾少数民族》 林华（台湾少数民族）
《拉祜族》 苏翠薇（拉祜族）
《水族》 韦学纯（水族）
《东乡族》 马兆熙（东乡族） 马自祥（东乡族）
《纳西族》 白庚胜（纳西族） 孙淑玲（汉族）
白羲（纳西族）
《景颇族》 金黎燕（景颇族）
《柯尔克孜族》 阿地里·居玛吐尔地（柯尔克孜族）
《土族》 祁进玉（土族） 东永学（土族）
《达斡尔族》 毅松（达斡尔族）
《仫佬族》 黎学锐（仫佬族） 黎炼（仫佬族）
《羌族》 雍继荣（羌族） 罗吉华（羌族）
周发成（羌族）
《布朗族》 陶玉明（布朗族）
《撒拉族》 马成俊（撒拉族） 马建新（撒拉族）
《毛南族》 韩德明（汉族）
《仡佬族》 周小艺（仡佬族）
《锡伯族》 阿苏（锡伯族） 盛丰田（锡伯族）
何荣伟（锡伯族）
《阿昌族》 们发延（阿昌族） 张斯齐（蒙古族）
《普米族》 朱凌飞（汉族） 杨周明（普米族）
《塔吉克族》 西仁·库尔班（塔吉克族）
阿力木江·西仁（塔吉克族）
《怒族》 李月英（傈僳族） 张芮婕（傈僳族）
《乌孜别克族》 古丽巴努木·克拜吐里（维吾尔族）
《俄罗斯族》 乃珂热曼·依布拉音（塔吉克族）
《鄂温克族》 黄任远（汉族） 那晓波（鄂温克族）
《德昂族》 袁丽华（汉族） 王燕（汉族）
《保安族》 马少青（保安族）
《裕固族》 董潇红（裕固族） 王政德（藏族）
《京族》 吕俊彪（汉族）
《塔塔尔族》 卡米力·库尔马尤夫（塔塔尔族）
《独龙族》 李金明（独龙族）
《鄂伦春族》 王为华（汉族）
《赫哲族》 黄任远（汉族）
《门巴族》 陈立明（汉族） 张媛（汉族）
《珞巴族》 陈立明（汉族） 李锦萍（汉族）
《基诺族》 朱映占（汉族）

总序

中国是一个统一的多民族国家。几千年来，有着悠久历史和灿烂文化的少数民族，与汉族一道，在中华大地上繁衍生息，共同开发着这块土地，建设、发展、捍卫着这个古老而伟大的国家。各民族都是兄弟，相互离不开，都是这个国家的主人。习近平总书记在第二次中央新疆工作座谈会上发表重要讲话，指出："要坚定不移坚持党的民族政策、坚持民族区域自治制度。民族团结是各族人民的生命线。要高举各民族大团结的旗帜，在各民族中牢固树立国家意识、公民意识、中华民族共同体意识，最大限度团结依靠各族群众，使每个民族、每个公民都为实现中华民族伟大复兴的中国梦贡献力量，共享祖国繁荣发展的成果。各民族要相互了解、相互尊重、相互包容、相互欣赏、相互学习、相互帮助，像石榴籽那样紧紧抱在一起。""要在各族群众中牢固树立正确的祖国观、民族观，弘扬社会主义核心价值体系和社会主义核心价值观，增强各族群众对伟大祖国的认同、对中华民族的认同、对中华文化的认同、对中国特色社会主义道路的认同。"因此，坚持平等、团结、互助、和谐的社会主义民族关系，不断增进了解，深化友谊，建立牢不可破的感情基础，是中国社会转型期、改革攻坚期、矛盾多发期保持社会稳定、发展的基本要求，也是实现中华民族伟大复兴的中国梦的基本要求。

为了进一步宣传我国少数民族的历史文化和民族风情，增强对少数民族的认识，宣传党的民族政策和方针，加深对党的民族政策的理解，加强各民族之间的了解与沟通，让读者了解少数民族，中华人民共和国国家民族事务委员会文化宣传司和辽宁民族出版社共同组织了《走近中国少数民族丛书》。

《走近中国少数民族丛书》的编写有以下三个特点：第一，采用图文并茂的形式、鲜活生动的语言、特色浓郁的图片与丰富的民族常识链接，向读者展示我国55个少数民族的历史渊源、民族变迁、社会生活、文化艺术、风俗习惯、历史人物和民族区域自治政策的伟大实践。第二，作者多为本民族的专家学者和与民族研究工作相关的专家学者，对自己撰述的对象既有深厚的知识积累，也有真挚的情感。第三，内容彰显了历史与现实、民族文化与地域文化、民族区域自治地方与散杂居地区少数民族生产生活的多彩画卷和轨迹，引导读者走近少数民族，聆听他们的古老传说，感受他们的发展变化，加深彼此的沟通和了解。这套《走近中国少数民族丛书》是面向民族干部和各级干部通览我国少数民族概况的普及读本，也是图书馆的必备藏书。

《走近中国少数民族丛书》所揭示的每一个民族的历史，都承载着这个民族的文化，也承载着这个民族的发展和未来。中华大地孕育的55个少数民族多彩斑斓的民族文化，同汉族文化一道从远古走到今天，汇入了中华文化壮阔的历史长河。“共同团结奋斗，共同繁荣发展”，保护、传承和弘扬少数民族优秀文化，不仅是推动我国民族团结进步事业的重要内容，也是构建和谐社会、实现中华民族伟大复兴的中国梦的重要使命。期待通过《走近中国少数民族丛书》，使广大读者徜徉于少数民族多彩风情的同时，更加深刻地了解和认知中华民族多元一体的文化内涵，感受中华民族悠久历史的深远与厚重。

丹珠昂奔

2014年6月26日

前言

壮族 涉过红水

中国版图南方偏西，有一个庞大的珠江水系。

在以北回归线为中心带的广袤区域，流淌着红水河、左江、右江、柳江、桂江等重要河流。大河两岸，木楼青瓦，稻米飘香，蔗海蕉林，瓜果满枝。这里是壮族同胞世代繁衍生息的家园，美丽的南方，美丽的壮区。

一条珠江，源远流长。追根溯源，距今5万至1万年前的柳江人、麒麟山人、白莲洞人、九头山人、都乐人、甘前人、宝积山人、荔浦人、灵山人、干淹人、九楞山人、隆林人、定模洞人等古人类化石证实，这些“人”便是广西乃至整个岭南地区最早的土著人。而从化石的鼻骨、鼻梁和上门齿等“长相”看，他们都可以被认为是壮族的祖先。

迄今发现的柳江人、麒麟山人、西畴人等近20处人类化石地点，100多处旧石器时代遗址或地点，桂林甑皮岩、柳州鲤鱼嘴、横县西津、邕宁长塘、南宁豹子头、扶绥敢造、隆安大龙潭、广南莲城等300多处新石器时代遗址，还有田东、宾阳、武鸣、恭城、平乐等地的大批春秋战国墓葬，左江流域和云南麻栗坡发现的一批原始崖画等，都说明了壮族的历史源远流长。

据史籍记载，壮族源自古代越人。古越人部落众多，居域广阔，语言风俗差异甚大。唐代以前，曾有于越、句吴、杨越、东越、南越、闽越、夷越、瓯越、西瓯、骆越、夔越、山越等不同越族，故称“百越”。

早在夏商周时期，壮族的先祖就有了专属于他们的称谓。那时候，中原人就已经把他们称为瓯邓、桂国、损子、产里、九菌等等，统称为骆越和西瓯。秦始皇统一岭南后，壮族先辈仍然生活在岭南以西地区的桂林、南海、象三郡辖地。壮族先人先后称为西瓯、南越、骆越、濮、僚、俚人、溪峒蛮、乌浒等；唐宋时代始称为“撞”、“僮”、“仲”；明清称为僮人、俍人、土人；民国时被诬称为“獞”。

新中国成立后，那些千百年来对壮族的杂称或带侮辱性的称谓终于全部废止。自称为布壮、布沙、布傣、布依、布侬、布土、布僚等多达二三十种族名的壮族人，第一次拥有了自己的统一称谓：僮族。1965年，经国务院批准又改称为“壮族”。据2010年统计，全国的壮族人口为1692万人，居住在广西壮族自治区的有1444.85万人，是中国人口最多的少数民族。

壮族主要聚居在广西壮族自治区的桂中、桂西、桂北和桂南，散居广西全境。云南次之，有壮族1 215 260人（2010年），主要聚居在文山壮族苗族自治州，红河、曲靖、昆明、丽江、楚雄、大理、西双版纳等州（市）也有分布。此外，广东的连山、怀集，贵州从江、湖南江华以及四川也有少量分布。

壮族居住地幅员辽阔，其语言亦千差万别。有的地方，就是同一个县、一个乡语言也不一定能相通。于是，聪明的壮族祖先就创造了方块壮字，用于唱本、族谱、麽经和契约的书写。壮语属汉藏语系壮侗语族壮傣语支，分南壮和北壮两大方言。1955年，首次创制了以拉丁字母为基础的壮族文字。1957年，国务院批准了《壮文方案》。

壮族是我国南方地区的土著民族，秦汉以前处于独立发展的历史阶段，秦汉以后一直处于中央王朝的治理之下。历史上，在不同的壮族地区采用了不同的统治方式，土司制度就是其中一种典型的社会制度。

在汉壮杂居的壮族东部等地区，壮族社会发展受汉族的影响较大，与汉族处于相近的发展状态，其社会政治制度处于封建地主制度的发展阶段。而在壮族聚居的广西西部和云南文山州地区，唐宋以来主要处于壮族土官（土司）的统治之下。

在土官（土司）辖区之内，土官掌握着全部的政治、经济和文化大权，并设置有权力机构进行统治。这些权力机构的设置因土司官职高低、辖地大小、经济实力的不同而有所不同。在那些辖地大、实力强的土州、土县，其土官衙门一般都设有文武职官，设有自己的监狱，由土官衙门管辖。

壮族历来有聚族而居的习俗，古代壮族的大姓有莫氏、黄氏、侬氏、韦氏、覃氏、罗氏、岑氏、蒙氏、闭氏、甘氏等，都是在原来氏族制基础上演变而成的，并长期聚族而居，所谓“举洞纯一姓者”是也。

受到汉族文化的影响，一些壮族地区的宗族组织和宗族文化比较发达，建有祠堂，立有族规，并修有族谱。在同姓同族聚居的壮族村落中，三代以内的父系亲属称为房族，三代以外的称为门族或宗族，而房、门、宗族总称为家族。同宗族禁止通婚。宗族内部关系依靠族长、族产、祠堂、族规进行维系。

在宗族势力和宗族文化不发达的壮族地区，还有另一种形式的村社管理组织“都老制”。这是一种更为古老的壮族乡村管理组织，主要由以“都老”为首的管理机构、长老会和村民大会构成。“都老”，又叫村老、寨老、父老、乡老、头人、郎火、款头等。

壮族没有统一的宗教信仰。壮族民间信仰多神，崇拜天神、雷神、土地神、巨石神、树神、蛙神、花婆神以及祖先神灵等。魏晋以后，随着道教和佛教先后传入壮族地区，壮族宗教信仰体系在其影响下发生了变化，形成以原始的麽教为主，融道教和佛教为一体，信仰多神的“宗教”，并出现了半职业性的神职人员——师公。

壮族民间风俗千奇百怪，礼仪繁复多样。壮族有自己独特奇异的婚丧嫁娶习俗，更有自己的原始宗教，崇尚天、地、亲、君、师、神。此外，壮族还有许多民间禁忌。

“三月三”无疑是壮族最著名的节庆，但最隆重的节日还是春节，七月十四鬼节为次。此外，壮族还有蚂拐节和清明、端午、莫一大王节、重阳、尝新、冬至、牛魂、送灶等节日。

壮乡素有壮欢歌海之称，一年一度的“三月三”既是祭奠祖先的节日，同时也是壮族的情人节和山歌节。每到这个时节，不分男女老幼都聚集歌圩对歌，场面壮观。

聪明智慧的壮族人民曾经创造了光辉灿烂的文化。壮族文化中的石器文化、稻作文化、棉纺织文化、航运文化、象形方块字、铜鼓文化、冶炼制造文化、崖壁画文化、巫文化、三界观、太阳文化、龙母文化、玉器文化、柱子崇拜文化、干栏式建筑文化等等，对中华文明、东南亚文明乃至世界文明产生了重大而深远的影响。此外，包括壮锦、绣球、壮剧、歌圩等被称为壮文化的标志也名声在外。创世史诗《布洛陀》是壮族文化的结晶，既是百科全书，又是文学巨著。以神话始祖布洛陀和歌仙刘三姐为代表的艺术群像，至今仍然被人们广为传诵。

目录

第七章　历史名人　光耀中华

第一章 瓯骆后裔 岭南土著

壮族先民瓯骆人不仅是种植水稻的先锋，还是制作各种劳动工具的高手。这样历经千万年，一种以水稻为核心的专属文化便诞生了。这就是专属于骆越、西瓯民族后裔的那文化。

东方群龙

遥远的东方有一群龙，它的名字叫广西亚洲龙和广西原恐齿龙。这群巨龙的故乡，在位于广西壮族自治区扶绥县山圩镇那派盆地的扶绥恐龙化石群遗址。

1972年和2001年，考古专家和当地农民先后在那派盆地出土了世界顶级品位的恐龙化石。其中，2001年出土的“一窝三龙”恐龙化石，被认为是迄今为止世界上出土最高大、最完整的蜥脚类恐龙化石，堪称“稀奇珍宝”。

1972年炎热的夏日，一群不甘忍受城市喧嚣的地质专家背起行囊，悄然离开了广西首府南宁市，一路颠簸，驱车赶往西南方向50多公里外的扶绥县山圩镇那派村。

那派是千千万万个壮族村落中的一个。然而，在地质专家的眼中，那派这个地方却不仅是一个普通的名词，也不仅是一个普

2 000多年前秦代兴建的兴安灵渠

广西积极推进民族研究和民族古籍工作。图为部分民族古籍整理出版成果和民族研究成果

通的村子。因为，那里有一个盆地。虽说那个盆地的地面上长满了望不到边的甘蔗、水稻和木薯，然而，其地表却裸露出由含钙泥质粉砂岩和砂质泥岩组成的紫红色沉积，这就是令地质专家们备感兴趣的早白垩纪层。

在那个遥远的地质时代，那派这个地方应该是一个不小的湖泊。湖里鱼虾鲜肥，更是爬行动物的天堂。地质学家知道，这种地方往往蕴藏着丰富的石油、天然气等矿物质。然而，乘兴而来的几位地质学家，似乎并没有得到他们想要的东西，反而在红土里捡到了一件脊椎动物的化石。偶然捡到的这件动物化石后来证明，他们此行并没有空手而归。

时隔不久，他们终于知道，这是曾经统治地球长达1.5亿年之久的恐龙的化石。

恐龙是侏罗纪时代的巨无霸，一场意外的天灾，使它们突然从6 500万年前的早白垩纪销声匿迹了。恐龙的灭绝成了地球历史一个永远无法破解的谜。要破解恐龙时代的奥秘，科学家需要大量的证据，而被认为最重要的证据，就是恐龙化石。

几位地质专家是无私的，他们没有把这个惊人发现据为己有，而是报告给了自治区博物馆。考古专家们得知消息后如获至宝，他们立马驱车奔赴那派盆地。

数月后，他们终于满载而归。他们带回了大量的恐龙化石，包括各类恐龙的部分骨骼、牙齿和一些鱼类贝类龟甲类化石，满满地拉回了23只大木箱。

然而，考古专家们的这次发现还只是冰山一角。2001年的一个夏日，与那派村相邻的六榜村壮族农民刘星政，在一块甘蔗地边劳作时，稍不留神就挖出了一块恐龙化石。之后，又挖出了一块、两块、三块……这里，简直就是一个恐龙窝了。

就在这个地方，考古人员后来发掘出了两具比较完整的恐龙化石骨架，三种恐龙牙齿和一些中生代爬行动物的化石。毫无疑问，是刘星政和他那把锄头掀起了一次新的恐龙热。这次发现，被专家们认为是在中国南方发现得早白垩纪恐龙最完整的骨架。

发现，再次发现。如果说，第一次发现属于偶然的话，那么，时隔28年后的这次发现，应该是真正揭开神秘恐龙化石的面纱了。这两次重要的发现，终于又让考古专家们坐不住了。2003年底，来自北京的和南宁的考古专家教授再一次聚集那派盆地。

专家们或掘地数米，或进行拉网式调查。他们风餐露宿，夜以继日。

恐龙新种类！南方少有！实属罕见！化石完整！国内的恐龙权威赵喜进教授不知见过多少恐龙化石，但是他仍然禁不住一次次惊叹。

广西自然博物馆展出的世界最大恐龙之一扶绥恐龙

面对如此丰厚的考古成果，欣喜的不仅是考古专家，还有那些目睹了一次又一次发现的那派村壮族村民们。

那派盆地恐龙化石的大量出土，获得了国家有关部门的高度重视。“扶绥恐龙”成为国土部认定第一批38个国家级重点保护古生物化石集中产地，是全广西唯一被列为第一批国家重点化石产地。

布洛陀之斧

1973年，中国科学院古脊椎动物与古人类研究所会同广西文博部门，联合对当时广西百色地区百色县（今百色市右江区）那毕乡百法村上宋屯的上宋遗址，进行了颇具历史意义的一次考察活动。在这次考察中，原广西自然博物馆研究员赵仲如意外地发现了一块旧石器。

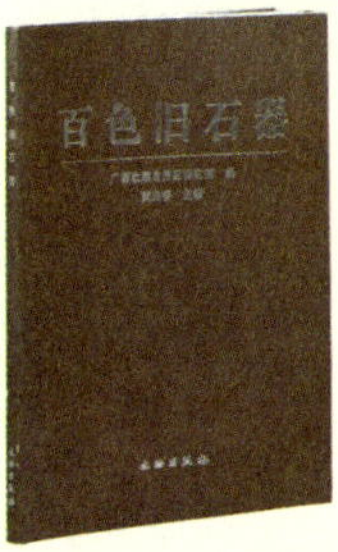

研究著作《百色旧石器》书影

这个发现，被认为是在壮族聚居区一个重大的考古发现，从此拉开了以右江河谷为中心的百色旧石器时代考古的序幕。经过数十年的挖掘发现，目前，在百色市12县（区）境内发现的史前遗址已多达100多处，其中旧石器遗址80多处，新石器时代遗址30余处。

知识链接 经考古专家分类，百色旧石器时代遗址共分为山地遗址和洞穴遗址两种。山地遗址沿百色盆地的右江两岸分布，主要有今右江区的上宋、东增、东笋、大湾、杨屋、紫幕、南坡塘、横山岛、六吉、那练、南半山、枫树岛；田阳县的长蛇岭、百峰、头塘、那赖、那满、濑奎、公篓、坡洪、那哈、三雷；田东县的百渡、高岭坡、祥群、新洲、那初、定模、甘莲、坡西岭、思林等。洞穴遗址则主要分布在田东、隆林两县，重要遗址有田东的么会洞遗址等。

迄今为止，已经进行过考古发掘工作的遗址，包括上宋、杨屋、紫幕、百谷、小梅、南半山、枫树岛、长蛇岭、濑奎、那满、百渡、那赖、那哈、高岭坡、坡西岭和么会洞等重要遗址。发掘出土的文物主要以石器为主，其余为骨器、陶片（器）等物。

位于田东县檀河村坡算屯的高岭坡遗址，面积约500多亩。国内外考古专家历经10多年对该遗址的考古发掘研究，取得了突破性的成果。1987—1988年，考古工作者在这里进行了首次发掘，共出土了69件石器品，发现了为解决百色盆地旧石器地层问题提供有力证据的第一批旧石器。2001年1月，该成果被科技部评选为“2000年中国基础科学研究十大新闻”。2001年6月，该

古榕

遗址被国务院公布为全国重点文物保护单位。

2002年3 月，中美科学家对该遗址旧石器的研究报告，在美国《科学》杂志以彩色封面的形式发表。同时，公开了美国伯克利地质年代学研究中心，为高岭坡旧石器测出的最新同位素年龄为80万年，在国际学术界引起了强烈反响。

百谷遗址位于百色市右江区那毕乡大和村百谷屯，面积约2平方公里。此处地表红土裸露，沟溪纵横，网纹红土层厚约8米。1993年专家在百谷的考古发掘中，首次发现了与石器共存于网纹红土层的玻璃陨石，并以之作测年证据，确定了百色旧石器

知识链接 2000年，美国加利福尼亚伯克利地质年代学研究中心地质年代学家阿伦·丹尼，采集到在百色盆地里与石制品共存的玻璃陨石后，用“氩—氩法”测出这些玻璃陨石的年代，再次准确证明了这些石器的年代大约在80.3万年前。2005年，广西考古专家对右江区的枫树岛进行了考古发掘，首次在网纹红土中出土了手斧，确认了百色手斧的出土层位就是网纹红土，其年代与百色旧石器一样为80万年前。据此，美国斯坦福大学的古人类学家理查德·科莱恩认为，“这是一个非常重要的遗址，它展示了80万年前生活在中国大地上的古人类制作工具的技术与非洲的古人类一样老练”。百色手斧等旧石器的发现，被认为“改写了人类进化史”。

美丽的百色盆地

的年代为80万年前。在此出土的手斧等石器的发现，打破了“莫维斯理论”关于“亚洲早期人类落后于欧洲、非洲”的论断。证明了东西方早期人类在体质和认知能力方面并无差异，从而改写了人类进化史。这一发现，同时也为世界红土区的旧石器年代问题的解决开辟了一条新途径。2001年6月，百谷遗址被国务院公布为全国重点文物保护单位。

科学家们的辛勤劳动，使沉睡80余万年的百色手斧重见天日。百色手斧出土，被认为是人类文明进程的一个重要证物。

沧海桑田。80.3万年前的百色石斧，传说中的布洛陀之斧。古老而年轻的百色盆地，今天壮族人的美丽家园。

那洞那山，那江那人

柳江人

柳江人是什么人？柳江人是壮族的祖先吗？这是两个密切关联的问号。

在当代中国，但凡上过学的人都知道，教科书上有一个词语叫“柳江人”。顾名思义，柳江人就是生长在柳江这个地方的人。但是，这里说的“柳江人”，并不是现今生活在柳江上讲柳州话的人们。柳江，也不是那条穿柳州城而过、川流不息的柳江河。柳江，是桂中大地上一个普通的县城，隶属柳州市。

在很多年以前，知道柳江县的人并不多，而祖祖辈辈生活在这个县份的人们，更是普通得和毗邻县份的人们一样。是一把锄头改写了历史。是这把锄头使得本来普普通通的柳江人，一夜之间变成了特别的“柳江人”，让默默无闻的“柳江人”令整个世界都为之瞩目。

柳江人遗址所在地——白莲洞

1958年9月，广西柳江县新兴农场的工人们始料未到，他们在一处山洞里挖取硝泥做肥料时，竟然用锄头挖出了

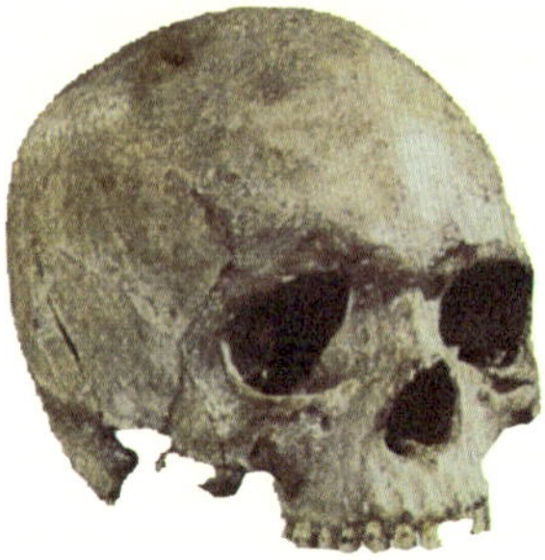

柳江人头盖骨

一颗类似人头骨的化石。面对这颗似人非人的头骨，所幸的是工人们并没有将其打碎做成肥料，他们善待了这位沉睡数万年的祖先。

经古人类学家考证，认为这是一块生活在旧石器时代晚期的新人（智人）头骨化石。智人在距今4万—5万年前开始出现，主要活动在亚洲、欧洲和非洲。已经名扬天下的晚期智人化石，有欧洲的克罗马农人、格里马第人和中国的山顶洞人。科学家是最善于给事物命名的，这次出土的人头骨化石很快就有了专属于自己的大名：柳江人。

这个普通的小小的喀斯特洞穴，原本被当地人叫作通天岩。它距离柳江县城27公里，位于新兴农场东侧一公里处。因为这次惊世发现，这个小洞穴从此便被称为柳江人遗址，别名柳江人洞。

数万年前的“柳江人”是个男子，他眉骨微隆，脑壳容积已达1 400多毫升。他的前额膨隆，嘴部后缩，猿人的特征已经消失，体形特征和现代人基本相似。但他仍然保留头顶稍低矮，眼眶较扁的原始特性。专家们还根据其头骨颜面扁平的程度，断定这个“柳江人”就是蒙古人种（黄种人）的祖先。

漫山遍野红彤彤

任何发现都不是孤立的，洞穴也是。在柳江人洞东北约两公里的地方，就有一个更大更阔的洞穴。这里也是一处古人类遗址。相比之下，这个洞比“柳江人”洞更具观赏性，积层更厚，各种动物和人类化石更多。因洞口处有一块状如莲花蓓蕾的巨大钟乳石，而被当地人称为白莲洞。

据说，白莲洞的发现比柳江人要早两年。在白莲洞里，考古学家发掘到了大量的化石和石器，计有石器500余件，动物骨骼化石3 500多件，其中还找到了两颗人牙化石。白莲洞遗址厚达3米、多达10层的堆积物像一部史书，被考古学家们一页一页地掀开。时空也从几万年前的旧石器时代缓缓地向史前文明走来，迎来了华夏文明的曙光。

柳江人、白莲洞，这两处沉睡在壮乡千万年的人类遗址，它们能够重现天日，是人类文明史的一件幸事。

麒麟山人

说到人类史，不能忽略一座山。说到壮族人，也不能没有这座山。

这座山叫麒麟山。麒麟山，坐落在桂中大地的红水河畔一个名叫桥巩的地方，距新兴的来宾市只有10多公里。由于有了1956年的一次发现，这座毫不起眼的小山丘，一下子便名震中外。和柳江人一样，这次惊人发现还是在一个小山洞里。这个高出地面约7米、洞口高2.7米、纵深4.8米的山洞，虽然相貌平常，但当考古学家们却从洞内厚达1.7米的堆积层里，挖掘出一块人头盖骨化石时，这个洞从此就成了名洞，这座麒麟山也成了名山。

果然，这块来自于一名老年男性头骨的化石，属于距今约3万年前旧石器时代的晚期智人。从此，中国晚期智人的名册里，又多了一种人——麒麟山人。他们和已知的河套人、山顶洞人、

凌云壮族古寨龙洞石头房子

峙峪人和柳江人一起，共同构成了旧石器晚期文化不同群落。

有专家描述，从麒麟山人头骨的复原效果图上看，这个颧骨较突出、眉骨较宽、面骨较扁平的老男人，从特征和长相上，和今天在当地生活的壮族人十分相近。不管是古人长得像今人，还是现代人长得像古人，这里只能有一个答案，可以肯定麒麟山人是今天生活在红水河畔壮族人最近的祖先。

古壮寨

从这个小山洞的堆积层里，考古学家们还找到了一些动物化石，比如野猪、鹿、贝和鱼骨化石。经科学方法测定，直至1万年前，仍有人类居住在这个洞穴中。

稻米飘香

田块、稻禾、水车、水渠、水坝、龙骨车、犁、耙、水牛、箩筐、谷斗、谷囤、风车、蓑衣……这些物件，许多吃过稻米饭的人并不一定都知道是些什么。其实，这都是古代或近代人类水稻耕作活动必不可少的工具和要素。

壮族先民与水稻的关系，可以追溯到数万年以前。早在距今上万年前的新石器时代，居住在左、右江河谷和红水河畔的晚期智人，逐渐厌倦了狩猎生活。他们冒着生命危险，尝遍了各种植物的果实和籽粒，最终发现了一种能够反复耕种又味道不错的物

种。经过长期的驯化和培植，他们终于如愿地把这些山地里自然生长的野生稻，改造成了今天人们在水田里种植的水稻，并一茬一季地耕种到现在。

▲

桂林市龙胜各族自治县的龙脊梯田美景

在珠江流域的百色盆地，古代粒状食物主要是稻谷。因此，华南珠江流域出土的新石器时代的石杵、石磨棒和石球等，便是古人类用于加工稻谷、用于脱粒和脱壳的重要工具。

壮族先民瓯骆人不仅是种植水稻的先锋，还是制作各种劳动工具的高手。这样历经千万年，一种以水稻为核心的专属文化便诞生了。这就是专属于骆越、西瓯民族后裔的那文化。

“那”，壮语为田，有的地方也称作“纳”，一样泛指稻田。那文化其实就是田文化，也就是一种稻作文化。

在早期农耕时代，人类本来无须种田，甚至不知道田是什么东西。至今，在桂西北和滇东南的壮族山寨里，依然有人在大面积种植旱稻。旱稻也称作旱谷，生长在地里，但它的长相和水稻并无多大区别，只不过谷蔸和禾秆比水稻更粗壮一些，谷粒也稍大一些。旱谷是一种还未彻底驯化的野生稻。旱稻虽然是一种野性十足的植物，却抵御不了天灾，弄不好会颗粒无收。

珠江庞大的水系孕育了那文化。那文化的核心是水，没有水也就没有田，没有田就没有那文化。右江、红水河、左江、柳江、龙江、贺江，这些江河分支密布，无数的溪涧流水潺潺，四季不息。是水，让生活在这些水流两岸的壮族先民变得愈来愈聪

▲
凌云AAAA级景区：茶山金字塔晨景

慧，他们很早就知道了拦河筑坝，利用水流的落差，通过修筑水渠，把水引入田里，便于种植水稻。

在右江、龙江流域的一些支流上，至今人们依然能看到一些巨大的转轮，在水流的驱动下咿咿呀呀地自转，不分昼夜地把一筒一筒的河水提到半空中，倒入木槽，流进水渠进行灌溉。这就是水稻之乡不可或缺的古老的提水工具——水车。

有了稻种，有了田，有了灌溉，人们还不能形成完全意义的稻作生产活动。水牛是从事稻作耕耘的重要生产力，深受壮族人民的爱护和怜恤。

稻田与壮族人，就像是一对孪生兄弟，相依为命，共生共荣，让那文化异彩纷呈。在广西龙胜龙脊乡，流传着一首《古缘歌》：

正月来，什么叫天下，不分昼和夜，这就是世界；
进入二月二，田地翻新泥，畲地要翻土，水田要挖齐；
三月清，杜鹃催早春，不分昼和夜，遍天下悲鸣；
四月明，犁耙挂上肩，做工莫怄气，劳动天下人；
五月定，老农耕平田，看谁说硬话，收割赛米粮；
六月节，老农找米吃，不论谷和米，得些就吃些；
七月七，头尾实难测，双筷和只碗，兄弟和过日；
八月去欠日，寻个中印日；九月收谷种，稻谷满仓实；
鸡毛遍地摆，过个丰年节。

知识链接 **那文化与古老土司制度** 顾名思义，土司以“土”字当头，又称“土官”。旧时的土官，也与稻田息息相关。土司没有薪俸，他们靠土而活，拥土为官，以土役民。他们把最好的土地划为“官田”，称为“养印田”“荫免田”，由农奴耕种，以此来维持生活和公务活动。土司以下的大小土目，也领有自己的土地，称为“目田”“哨田”或“亭田”，也由农奴耕种。土司的家庭，还有“份田”，由“庄丁”耕种。此外，还设置名目繁多的“役田”：“抬轿田”（耕种此役田的农奴，要为土官或过官员出伕抬轿）、“挑水田”（为土司衙门挑水）、“马草田”（为土司衙门割草喂马）、“柴薪田”（为土司供应柴草）、“石匠田”（为土司建造陵墓）、“坟田”（为土司清扫上坟路径、修割坟杂草）、“竹器田”（为土司制造竹木家具）、“煮粽田”（为土司采叶子包粽）、“看猫田”（为土司看守供品，防猫偷吃）、“赶鸟田”（为土司看晒场，防鸟偷吃粮食）、“鼓手田”（为土司的红白事当吹鼓手）、“打炮田”（为土司红白事打地炮）、“旗田”（为土司扛大旗）、“山羊田”（为土司猎取山羊）、“打伞田”（为土司出巡时打伞）、“针线田”（为土司家缝制衣被）、“点香田”（为土司太庙上香）、“斟酒田”（为土司吃饭斟酒）、“杀猪田”（为土司杀猪，防猪牛践踏禾草）、“杀鸡田”（为土官杀鸡鸭，向各户派要鸡鸭）以及“茶水田”“跪礼田”“吹号田”“买办田”“厨房田”“妈妈田”“梳妆田”“驿站田”等等，可谓名目繁多。

香蕉田

在壮区，以稻田命名的地名很多，大至县市乡镇，如那坡、那马、那陈、那丽、那伦、那劳，小至村屯弄场，含“那”字的地名，仅广西就多达1 200余处，云南的广南、富宁等地也有百余处，粤西多地也不少。这种以那命名，多来自那的特点和性质，如那翁（na ong），即滥泥田；那江（na jiang），地处中间的田；那波或那（na bo），泉边的田；那达（na ta），河边田；那六（na lok），水车（灌溉）的田；那楼（na lou），我们的田；那官（na kun），官田；那马（na ma），养马田；那昌（na tsang），工匠田；那笔（na plt），养鸭田；那怀（na vai），养水牛的田等等。那文化，不仅是在广西和广东，就是在云南、贵州甚至越南、老挝、泰国和缅甸等国家，都有其深深的意蕴，因而被人们通称为那文化圈。

稻田，水稻，稻谷。有水稻的地方就有“那”，有“那”的地方便会有独特的那文化。

第二章
青铜铸魂
文化悠远

西瓯和骆越是岭南古百越的支系，是秦汉以后壮族人的祖先。发达的青铜文化，铸就了壮族光辉灿烂的历史。从古句町国到花山崖画，从布洛陀到刘三姐，无一不闪耀着壮族人文精神的光芒。

骆越与西瓯

在华夏历史上，曾经有两个古老的百越方国，它就是存在于夏、商、周至秦汉时期的骆越古国和西瓯国。

骆越古国

骆越，最早出自先秦史籍《逸周书》："路人大竹。"专家认为贡大竹的"路人"就是骆人，也就是骆越。《吕氏春秋·本味篇》有"越骆之菌"之说。高诱注曰："越骆，国名。"越骆是骆越古国称词序的颠倒。旧本郦道元《水经注》里将"骆越"写作"越骆"，如"温水"下说："盖藉度铜鼓即越骆也。"《水经注》卷三十七叶榆河条引《交州外域记》："交趾未立郡县之时，土地有雒田，其田随潮水上下，民垦食其田，因名雒民。"雒与骆

骆越古国环境

▲

骆越王庙

▲

骆越王雕塑

通。骆民，即骆越之民。

骆越之名正式出现中国文献，是在《后汉书·马援列传》中，载："援好骑，善别名马，于交阯得骆越铜鼓，乃铸为马式，还上之。"关于《后汉书·马援列传》中的骆越，李贤注曰："骆者，越别名。"

《旧唐书·地理志》对骆越古国地域，有较为详细的记载：邕州宣化县（今南宁）"驩水在县北，本牂牁河，俗呼郁林江，即骆越水也，亦名温水，古骆越地也。"明人欧大任《百越先贤志》自序中说："牂牁西下，邕雍绥建，故骆越地也。"对照《旧唐书·地理志》邕州条，驩水即牂牁河，也叫郁林江，亦即骆越水，又名温水。而顺这条河下的邕雍绥建各地都是骆越地。邕即邕州，已如前述，即南宁一带；绥即绥宁县，治所在今宾阳县黎塘镇安城村；都在郁林江上游地区。清人顾炎武《天下郡国利病书》说："今邕州与思明府凭祥县接界入交趾海，皆骆越也。"

从上述史籍来看，骆越人活动的时代大致是从战国至东汉时期，活动地域包括汉代的郁林、珠崖、交阯、九真等郡。汉代郁林郡在今广西南部，珠崖郡在今海南，交阯郡在今越南北部红河流域，九真郡在今越南清化、义安地区。因此，骆越活动中心在西瓯之西，大体相当于左右江流域、邕江郁林江流域、海南、越南北部红河流域。

西瓯国

历史上，骆越在又常与西瓯并称为瓯骆。如《史记·南越列传》南越王赵佗上汉文帝书，讲述其西“瓯骆裸国亦称王”；桓宽《盐铁论·地广》也有“荆楚罢于瓯骆”的话。

《旧唐书·地理志》有些地方称“古西瓯所居”，有些地方称“古骆越所居”，有些地方又称“古西瓯骆越所居”，把西瓯、骆越各自的居地和混杂居地分别说得比较明白。

战国秦汉时期，江南以及岭南各地居住着众多越人，因其支系繁多，故统称“百越”。西瓯和骆越是“百越”中的两大重要支系，主要分布在今天的中国广西和越南北部。秦统一岭南后，西瓯、骆越聚居的广西地区隶属桂林郡。秦末汉初，一度又曾纳入南海郡尉赵佗所建的南越国，直至公元前111年汉武帝灭南越，并在该地重设九郡，岭南的郡县制才最终稳定下来。“越桂林监居翁谕告瓯骆”属汉，得封侯。其中的“瓯”即是西瓯，“骆”就是骆越。

瓯骆遗粹——广西百越文化文物

西瓯人主要生活在今广西西江中游及灵渠以南的桂江流域，骆越人则主要聚居于西瓯族的西部和南部，即今广西的左、右江流域、贵州省的西南部以及越南的红河三角洲地区。西瓯、骆越早在商周时期即与中原地区有过交往。随着中原势力的不断深入交融，西瓯、骆越与中原地区的政治、经济、文化逐渐趋于一致，并最终走向统一。广西地区出土的春秋至东汉时期的大量文物是这一历史进程的见证。

骆越古国和西瓯共同创造了灿烂的文化。学者梁庭望认为，骆越与西瓯是构成今天壮族的主要两个支系，他们存在1 000多年，创造了灿烂的稻作文明。今天壮族传承的古代文化，在很多方面是西瓯、骆越人创造的。骆越方国创造的稻作文化、大石铲文化、龙母文化、青铜文化、青铜文化中的铜鼓文化、花山文化等等，都是中华民族宝贵的文化遗产。骆越人和苍梧人、西瓯人一起，在我国最先发明了水稻人工栽培法，为中华民族也为全人类做出了巨大贡献。

古国的碎片

大约公元前100年，在现今的滇东南和桂西北一片广阔地域，有一个壮族的古方国——古句町国。

知识链接 句町一词，始见于《汉书》。句，当地壮语直译为九。町，也是壮语，直译为亲、盟或红。句町，意为九部联盟。

句町本属牂牁郡下辖17县之一，据《汉书》记载，汉武帝时句町方国由毋波封王。毋波得知朝廷发兵平灭南越国及回师降服夜郎国之后，深受汉武帝威德的影响，于元鼎六年（111）率部归附了汉朝。汉武帝封其为侯，并设置句町县。又据《汉书·西南夷两粤朝鲜传》记载，汉昭帝始元五年（公元前82）诏封为句町王，句町国故而得名。

红叶谷

句町建国以前，句町地区有一个骁勇善战的大元帅，名叫亡波。此人既是九部联盟首领，又是握有兵权的统帅。当时，汉昭帝为了征服西南另两个少数民族部落姑缯和叶榆，派一支汉兵南下征剿，结果被姑缯和叶榆打败。不甘心失败的汉昭帝听从手下的计策，决定“以夷制夷”，于是派密使带着重礼找到了亡波，希望他带兵协助攻打姑缯和叶榆。面对来自遥远的汉王朝的器

河畔水车

重，亡波欣然应允。结果“斩首捕虏5万余级，获畜产10余万”，战果辉煌。因亡波“率其邑君长人民击反者，斩首虏有功”，汉王看到了他的忠心和实力，便把句町联盟升格为四方国，亡波也因而为王。

知识链接 **亡波** 也得名于壮语。亡，直译为王；波，即是卜或父。这个称呼，表明子民对国王的尊敬。亡波从一方诸侯变成了一国之君，深得汉王信赖。自此，这个与汉都远隔千山万水的小方国，居然还得到了比原来更宽广的地盘。

《汉书》中说，封国之后的句町辖地，包含了现在云南的文山、富宁、岘山、丘北、开远，广西的德保、靖西、那坡、百色、凌云、田林、隆林，其中心区为现在的云南广南县和广西西林两县境内。当时句町国的势力，东北至曲靖、兴义，西至玉溪、通海、建水，南至越南的北部，实力与夜郎、滇国两国相当。在今天的驮娘江流域，一些与“王”相关的地名比比皆是。

小桥流水

这个出现在云贵高原和桂西北高地上的句町古国，既为后代留下了丰富的文明，也留下了诸多的谜团。云南广南莲城西郊外的法土龙城和阿用古城等古城文化遗址，以及20世纪六七十年代在广西西林县驮娘江边普驮村出土的铜棺、铜鼓墓葬及其陪葬品，向人们展示了句町古国辉煌的历史和文化。广南牡宜村汉墓的发现与发掘，不但说明了句町古国在公元前221年秦朝时期及之前的存在，也证实了公元前82年句町侯亡波被封为王以及众多史书记载的真实性和可信度，还说明了句町古国经过数百年的发展，到秦汉时已经相当繁荣强盛。

古句町国不仅为后人留下丰厚的文化遗产，也留下了延绵不绝的民俗风情。如今，欧贵婚俗、二次葬等习俗仍然盛行乡间。

一本有关东晋穆帝时期的史书《华阳国志·南中志》记载：

"句町县……其置自濮王……受封至今"，当时是公元350年前后。由此可以看出，句町国在历史上存在了大约400余年。毫无疑问，古句町国是史上壮族地区继骆越、西瓯之后，一个颇具影响力的古代王朝。

千古之谜

在左右江流域各种奇异的文化现象中，"岜莱"就是其中一种最为神秘的文化。

岜，来自于古方块壮字，壮语直译为山坡，莱即是花纹。岜莱就是壮语直译的花山。

在13 000多平方公里的左江流域，岜莱只分布在扶绥、崇左、大新和宁明、凭祥、龙州的左江和明江两岸。在长300多公里的江畔，耸立着一面面刀削斧切般的悬崖绝壁。在这些人迹罕至的崖壁上，共有多达84个地点、178处共280组古代壁画。地域之广，规模之大，实属罕见。而在这众多的崖壁画当中，画面最宏大、人物最众多也最具观赏性的，当属位于宁明县境内明江北岸的花山崖壁画。

▲ 广西壮族文化瑰宝——宁明花山岩画

宁明花山壁画，在明江上游的一个拐弯处，面向明江，是一幅宽达221余米，高约40米，面积达8 000多平方米的巨型壁画。这幅左江流域最大的壁画，共有各种图像达1 800多个，画中包括人、马、兽、铜鼓、刀、剑、羊角、钮钟、船、道路等，其中数量最多的是羽人，其次分别是铜鼓和狗。

花山壁画从它被发现那天开始，就给人们留下了各种各样的谜团。

第一个谜团，这些画是什么人什么时候画的？有关这些画的来历有多种多样的传说。其中的一个传说称：

以前有一叫作勐卡的壮族人，不满头人的欺压，想起兵反抗，但又兵马不足，遂得仙人指点用纸人纸马，撒豆成兵之术。他不分白天夜晚躲在家里画人画马，画刀画枪，企望这些神兵神马能够变成活人活马来助他一臂之力，完成他的心愿。谁知有一天，不慎被他的母亲打开了他收藏有纸兵马的箱子，顿时狂风大作，天昏地暗。纸人纸马飞落到了崖壁上，但因不足100天，不能点化成人而变成了永久的壁画。

崇左市宁明县花山壁画

另一个传说：

朝廷派兵来剿杀义军首领黄少卿，却被义军在花山下打得尸横遍野，这些兵死后灵魂就显现在了崖壁上。还有一个说法，是起义的勇士们打败来犯的官兵后，与当地民众在花山前庆祝胜利，他们的形象被明江水映印到花山崖壁上，成了永不褪色的壁画。

显然，这些传说是当地民间传说的不同版

本，不足为据。然而，有一点却是比较相似的，这就是，花山壁画是反映战争场面的。但也有专家学者认为，由于左江流域水患严重，当地人认为都是河里的妖龙和水怪捣的鬼，于是壁画上画的是镇龙降魔举行的祭祀仪式。

尽管老百姓和专家学者对花山崖壁画的解释众说纷纭，各有表述，但是这并不影响壁画的历史价值和艺术价值。壁画的内容不论是始祖崇拜，还是青蛙崇拜，或是祭祀水神、表现胜利庆典，其创作的素材均来自于当地民间，作者应当就是“壮族先民西瓯骆越人及其后裔”。令人欣慰的是，专家们通过对画中器物的研究和对壁画部分材料的科学测定，基本弄清楚了这些壁画创作的年代，即公元前370年至前115年之间的战国时期至西汉早期。

花山壁画的第二个谜团，是当时作画的时候采用了什么颜料？至今已经2 000多年过去了，这些画作依然赭红如初，光彩夺目。花山上的人像和物像众多，有两手高举、双脚叉开成立马式的；有佩刀剑的，有戴桂冠的；有两手平伸、两腿微蹲成跳跃式的；有的是头人或者将领，更有众多的小人物。壁画中的人物线条粗犷，个个栩栩如生。当年的古越人到底使用了什么绘画颜料，使这些画能够抵挡得住两千多年的风吹日晒？各种说法很多，但最骇人听闻的一种说法，认为是用人或者动物的鲜血配上某种颜料混合制成的。

花山第三个谜团，当年的古越人是如何在高达数十米、距离江面十几米的悬崖绝壁上绘画的？后人们面对花山，绞尽脑汁，冥思苦想，极力想象先民们的种种作画的方式。但是至今为止，人们也没能想出一个大家比较认同的方法。

花山崖壁画并不是我国的唯一崖壁画区，然而，相对于其他已知的岩画而言，花山崖壁画除了低纬度和临近江河而外，还有其规模、分布和反映的物种（尤其是青蛙）之多，都是世界上别的地方极少见的。

铜鼓文化

铜鼓，既是一种乐器，又是一种器皿。对于壮族来说，铜鼓是神圣而尊贵的器物。铜鼓曾经广泛流行于我国两广、云贵及四川、湖南等少数民族地区，东南亚的越南、老挝也有分布。壮乡铜鼓是中华文化艺术中一颗古老而璀璨的明珠。

铜鼓大约在春秋晚期出现，关于铜鼓的记载，自汉代以来较为常见。《后汉书·马援列传》中记载，东汉初伏波将军马援南征交阯“得骆越铜鼓”。壮乡的铜鼓，最早可以追溯到公元前2世纪，广西田东县锅盖岭战国时期墓中出土的铜鼓就是物证。

古代南方的百越民族把铜鼓当作权力和财富的象征，故有“得鼓二三，便可称王”之说。古人曾经把铜鼓视为神器，对它顶礼膜拜。铜鼓都为青铜所铸，直径大小不一，大的达100厘米以上，小的仅十余厘米，重量也自数十斤至数百斤不等。

蚂拐节打铜鼓——广西东兰县巴畴乡巴英寸

壮乡铜鼓分布范围之广，蕴藏密度之大，世所罕见。从现存的壮乡铜鼓数量来看，广西所藏铜鼓约占全国总数三分之一还强，居全国首位。据1980年中国古代铜鼓研究会所做的普查统计，当时收藏于中国国内各级博物馆、文物管理机关和有关大学、研究所的铜鼓，总数为1 380余面，而广西各级博物馆、文物管理所收藏有507面。此后各地又相继有铜鼓陆续出土，年平均10面左右，散在民间还不计其数。广西壮族自治区博物馆入藏的铜鼓目前已增至343面，不仅是国内收藏铜鼓最多的博物馆，而且也是全世界收藏铜鼓最多的博物馆。云南省文山壮族苗族自治州收藏铜鼓138面，仅广南县就有铜鼓约50面。据

1987年上半年对都安瑶族自治县板升乡的初步统计，该乡现存铜鼓有106面。

知识链接 1990年，广西东兰县开展铜鼓普查登记，仅壮族民间收藏的铜鼓就有463面，目前已达500多面。为此，学术界称东兰县为“铜鼓之乡”。

铜鼓有很多种类，专家们把它们分为万家坝型铜鼓（滇）、灵山型铜鼓（桂）、石寨山铜鼓（滇）、遵义型铜鼓（黔）、冷水冲型铜鼓（桂）、麻江型铜鼓（黔）、北流型铜鼓（桂）、西盟型铜鼓（滇）等。这些铜鼓家族中大名鼎鼎的铜鼓，几乎是云南、广西和贵州三省（区）平分秋色。难怪有人说，铜鼓出自云南，传到广西后才结出了灿烂的硕果。至今最大的铜鼓就是出自古骆越之地广西北流，该鼓面径达165厘米，重达300多公斤，被称为“铜鼓王”。

关于铜鼓的说法多种多样。一种纯壮族的说法是，最初的铜鼓其实不称为鼓，而是一种叫作釜的器皿，是用来煮饭菜吃的。

中国铜鼓之乡：东兰

▲

驮娘江第一湾

持这种观点的人认为，这种桶形的东西后来在古代军队中才得到了发扬光大。可能是那些休战期百无聊赖的部落士兵，首先把釜当成了打击的乐器，后来又被人们配于鼓乐，于是，一种原始的乐器便诞生了。士兵们的创造并不因此而停歇，由于南方多雨而且潮湿，用来指挥打仗的皮制战鼓容易受潮，有人就干脆把铜鼓当成了战鼓。天长日久，铜鼓也就被人们赋予更多的功能。

壮乡铜鼓制作工艺考究，用以铜为主要成分的铜、锡、铝合金等铸造。面、胸、腰、足、耳五部分浑然一体。鼓身上段为胸，中段是腰，下段是足，腰间有两对鼓耳。铜鼓大小、轻重不一，鼓面多铸有太阳纹、翎眼纹、云纹、乳钉纹、栉纹、游旗纹等纹饰。

史学家黄现璠著《铜鼓及其花纹的新探索》认为，铜鼓的花纹，代表几个意思：反映对自然现象的崇拜，反映对雨水的渴望，图腾崇拜的反映，反映了壮族人民的历史传说，反映壮族先民的生活和环境。

1970年，在位于右江上游驮娘江畔的西林县普驮村，人们在挖修公路时，竟挖出了一个西汉早期的铜鼓墓葬。在古代壮族社会，铜鼓不仅是一种奢侈品，还是权贵的象征，绝大多数都掌握在强人地主的手里，平民百姓根本无法染指。铜鼓进入民间那是后来的事了。

在今天的红水河畔，依然有众多的壮族同胞爱鼓如命，大规模地收藏和使用铜鼓。生活在这一带的民众，每年的春节、祭蛙节、三月三、八月十五以及婚娶、丧葬和建新房都要使用铜鼓。使用率之高，密度之大，堪称是一个当代神话。

壮乡铜鼓节是东兰县隘洞、长乐乡一带壮族传统节日。分别在每年农历正月初一、十五、三十日举行。届时，各村的小伙子组成铜鼓队，把铜鼓抬到村附近的高山顶上，悬于木架，首先击鼓祭祖，然后进行击铜鼓比赛。其玩法是大鼓对大鼓，小鼓对小鼓，以四面为一组，每鼓3人，轮换着打，不能中断。以打得响亮动听、节奏明快、耐力持久为胜。比赛往往通宵达旦，男女青年们一边结伴纵声对歌，一边欢情嬉戏。

在云南壮族聚居区，许多壮族村寨至今仍保留着祭铜鼓、喝铜鼓酒、唱铜鼓歌、跳铜鼓舞等习俗。丘北县那红村分上那红村、中那红村和下那红村，3个寨子至今还保持着祭铜鼓、喝铜鼓酒的习俗。

铜鼓是壮族最具代表性的文化遗产。而铜鼓身上丰富的纹饰，被认为是一座丰富的人文资料宝库，储存着壮族人民从古至今社会生活的海量符号和信息。

布洛陀文化

布洛陀是谁？布洛陀是壮族神话谱系中的第二代始祖神。布洛陀是创世者、造物主。布洛陀还是人文始祖和智慧的象征。

关于布洛陀，壮族民间有一个传说：

和布洛陀一同出世的有雷王、图额（蛟龙）和老虎，他排行老四。三位兄长见他是人，都想找借口把他吃掉，害得他整天心惊肉跳，东躲西藏。有一天，布洛陀背靠一棵满是红叶的枫树边

布洛陀——壮族创世神、始祖神

诉苦边流泪。忽然间，枫树变成了一把天火，先把老大雷王烧得脸色乌黑，逃到天上去了。天火又一把烧向蛟龙，蛟龙带着满身伤疤跳进水里。天火还把老虎烧得浑身花斑，仓皇逃进森林里。于是，布洛陀成了人间的神仙。他先造了太阳和月亮，造了天又造山河，造了男人又造女人，造了水火又造三牲六畜，造了树木又造五谷杂粮……人间缺什么，布洛陀就造什么。

创世史诗《布洛陀》

关于布洛陀的各种版本民间传说很多，就是几天几夜也说不完。要走近布洛陀，解读布洛陀，得先从壮族创世史诗《布洛陀》开始。

百张好树叶，不比花一朵，
千百本厚书，不比布洛陀。

从这首山歌可以看出，《布洛陀》在壮民族精神生活中是怎样的分量。从全诗的内容来看，上溯到人类蒙昧时代以至荒古混沌时代，下至原始社会瓦解甚至阶级社会早期，历经千万年，各

壮家女

章都是由古至今地加以叙述。它广泛地涉及了各个历史时期的社会生产、生活以及宗教活动等，从天到地，从神到人，从宇宙天地的形成到千种万物的来历，从实际生活到宗教信仰、伦理道德的方方面面。

创世史诗《布洛陀》规模宏大，气势恢宏，内容包罗万象，堪称壮族的历史教本和百科全书。全诗分成四大部分共19章，长达近万行。其中包括礼歌、问答歌、石蛋歌、初造天地、造人、造太阳、造火、造谷米、造牛、再造天地、分姓等主要章节。

其中的《石蛋歌》描述说，最初本无天无地，什么也没有，漆黑无边。后来不知从哪里吹来三股黑、黄、白的气体，相混后变成浓浆，并逐渐凝固成团，外壳也越来越坚硬，像个大石蛋。这个“蛋”里边有三个蛋黄，千万年后孵化成三个不同模样的兄弟，即雷王、龙王和布洛陀。他们在蛋壳里半睡半醒，梦游天上地下，五湖四海。雷王迷恋天上的神仙日子，龙王羡慕地下的宫殿，布洛陀则喜欢过地上的劳动生活，认为“上中下三界，中界最称心，昼有太阳照，夜有星月映，日里去耕田，晚间去打猎，耕种得吃米，打猎得肉吃，安乐逍遥事，莫过中界人”。这三兄弟兴趣爱好各异，梦醒后争相破壳而出，奔向自己理想中的天地。

在《造人》篇中，天地形成以后，地上只有布洛陀和姆六甲两个人，于是布洛陀去找姆六甲商量要造人。姆六甲听说要造人，羞臊得红了脸，低头不答。布洛陀见她如此，便气呼呼地去

敢壮山布洛陀文化旅游区的布洛陀雕塑

祭祖

麽公做道

找龙王哥哥商讨计策，久久不归。布洛陀走后姆六甲反而感到孤寂了，日夜思念布洛陀，天天站在山顶上盼他归来。布洛陀离开姆六甲久了，心里也很想念她，当他在遥远的东海看见姆六甲站在山顶上翘首以盼时，禁不住心旌摇荡，便含了一口水，使劲朝她喷射过来。不想，这口水竟变成了一条七彩虹，横跨万里，一头出自布洛陀的嘴，一头连着姆六甲的身。就这样，姆六甲怀孕了。90天后，姆六甲口中吐出了可以当人种的“黄泥浆”。然后，他们便用这些泥浆捏成一个个小人。这些人被用艾蒿、木叶和干草包裹，放入醋缸里，天天用水浇淋。再过90天，泥人开始蠕动，姆六甲就“用身子去暖，拿舌头去舔，日夜不停歇”。再过90天，泥人终于变成了真人，可以爬地见天了。

“造人”到此为止，还没分出男女，于是，姆六甲在吃酸品时，挟出酸辣椒和杨桃片，那些孩子就跑过来抢吃，抢到杨桃的变成了女孩，抢到辣椒的就成了男孩。而刚造出来的这些人，也是良莠不齐的，他们“有勤又有懒，有奸又有憨，有乖又有笨，有弱又有强”。于是，布洛陀又再细分，“好的留下来，差的遣上山；勤的能做人，懒的化作兽；笨的化为虫，奸的化为禽”。

如此夸张而浪漫的叙说，在《布洛陀》里随处可见。如此妙趣横生的描述，如此栩栩如生的布洛陀，怎能不让后人为之爱戴和敬重呢！

《布洛陀》创世史诗之所以能够广泛流传，还因为壮族民间有大量的歌师歌手。在壮族民间，并不是每个人都有资格可以演唱《布洛陀》的，其唱者要么是麽公巫师，要么是无师自通的歌师歌手。

然而，唱《布洛陀》也不是想唱就能唱。麽公一般是在做祭祀或在做道场时才可以唱，而且每唱必唱全文，巫师则可以针对某些事物择唱有关章节。在红水河及右江河谷地区，每逢节庆红白喜事都会请高手来演唱《布洛陀》。受到邀请的师公一般都会作认真准备，他必须做到三件事：一是再三温习诗书；二是要戒嘴，3天不吃狗肉牛肉；三要修身，洗浴后7天不行房事。谁若是能从头到尾一字不差、一句不漏地唱完《布洛陀》，谁就被誉为当地的“歌王”。

《布洛陀经诗》

与创世史诗《布洛陀》共同流传的还有《布洛陀经诗》。《布洛陀经诗》被称为史诗的通俗版，共有25个章节，5 741行，堪称鸿篇巨制。原手抄本全部用古壮字书写，诗是壮族民歌五言体、押韵。在内容上，融壮族的神话、宗教、伦理、民俗为一体，思想深奥、字义艰涩；在形式上，由于千百年来的传唱加工，语言精练工整，有韵律，朗朗上口，其中保留了好多古壮语、宗教问语，堪称经典。

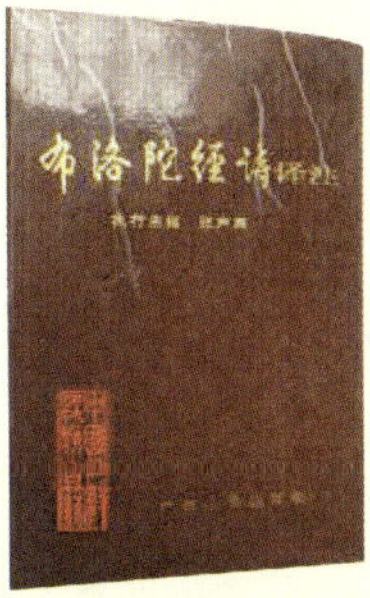

《布洛陀经诗（译注）》书影

与史诗《布洛陀》相比，《布洛陀经诗》虽然凝练，但口语特色十分鲜明强烈。全诗均用叙述体，运用大量摹状词，且绝大多数句子是五言诗句，节奏明快、便于吟诵。现代壮语汉借词比例有时可达30%，但《布洛陀经诗》中汉借词较少，只有一些早期进入壮语的老借词。例如“王”“皇帝”“会”等等。这些词汇以单音节居多，而且大部分已融入了壮语的基本词汇序列，这些老借词已成了壮语词汇的有机组成部分。《经诗》词汇异常丰富，保存了不少宗教、生活、生产方面的词语及大量方言词汇。

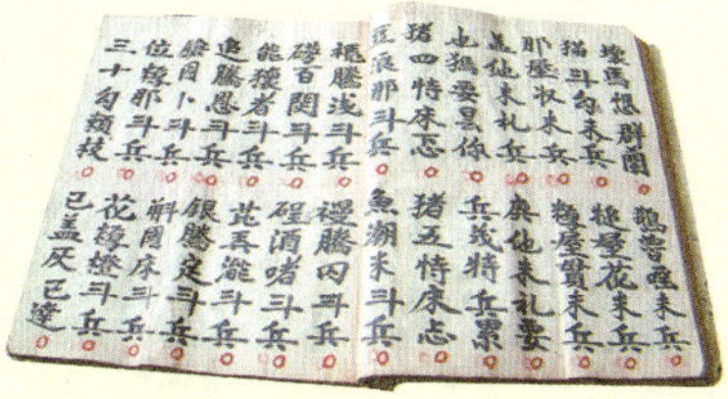

《布洛陀经诗》手抄本

壮族民间认为，万物有灵，灵有所附。神灵寄附的地方应立社以供经常敬奉。所以

《经诗》提到的神祇就多达100余位。《布洛陀经诗》产生流传的年代已经久远。从其内容探究，极可能起源于母系氏族社会向父系氏族社会转变的时代，尚带有明显的母系氏族社会痕迹。

除创世史诗《布洛陀》和《布洛陀经诗》外，各地壮族民间还有大量不同版本的布洛陀神话传说，如云南省文山壮族苗族自治州有布洛陀制伏太阳、制伏豹子、制伏天兵的神话传说。广西西林县有布洛陀造铜鼓、造万物的传说。在以都安、大化、马山、东兰、巴马、凤山等县的红水河两岸，以田阳、田东、平果等县为中心的右江河谷地区，布洛陀民间神话传说则更加丰富。

布洛陀不仅是壮族心中的神灵，是最好的亲人和祖先，更是一代“国王”和恩师。

壮乡“故宫”——莫氏土司府

在广西来宾市忻城县，现存一座保存完好的土司府，被誉为壮乡的“故宫”，它就是莫氏土司府。

莫氏土司府的主人为莫氏土司。其祖宗名叫莫保，自元代始任土千户，到清光绪三十年（1906）其第二十代孙莫绳武被撤土归流止，莫氏土司历经了3个朝代，长达500多年。明万历十年（1582），莫氏第八代土司莫镇威始建土司府，以后逐渐扩张，最

莫氏土司衙署附近的练兵场

兴旺时总占地面积达4万多平方米。其中，土司衙门和土司祠堂是广西壮族自治区重点文物保护单位，也是目前广西规模最大、保存最完整的土司建筑。

土司衙门坐南朝北，大门临街，背倚翠屏山。建筑主体原来由前门照壁、大门、正堂、二堂、三堂、东西花厅、长廊、兵舍和监狱构成。从大门至三堂两边，有监狱兵舍、东西花厅、东西厢房依次分布左右。其他附属建筑有莫氏祠堂、三界庙（又称三清阁）、代理土司官邸、参军第、大夫第、练兵场、土司官塘等。衙门曾在战乱中被毁，现在的前门照壁、大门、正堂、二堂、西花厅、长廊，为清道光十年（1830）按原样重建。

土司衙门大门临街，门前为宽廊，廊柱有黑底金字阴文楹联，上联为“守斯土，莅斯民，十六堡群黎谁非赤子”；下联是“辟其疆，利其赋，三百里区域尽隶王封”。大门两侧是八字跨街牌房，称东、西辕门，门楣相上额分别浮雕“庆南要地”“粤西边隅”八个大字。据传，楹联及横额均出自清代名家象州人郑献甫（郑小谷）之手，但原物已毁，现存牌匾的字体为不知名的后人所书。

土司衙门建筑群整体布局严谨，讲究左右对称，主次分明。正堂森严肃穆，二堂三堂庄重气派，后苑静谧清幽，东西花厅则华贵高雅，直到今天，仍不失为曾经兴旺数百年的侯门贵胄府院风范。

衙门主体建筑四周，有各种补助建筑点缀烘托。东侧有三清观，西面为代理土司府第、土兵练武场和关帝庙，南有倚山而建的“伴云亭”，北为亭榭、石桥和土司官塘，西北为土司陵园，园门立有华表的石制牌坊，神道两旁立着石人、石鼓、石牛、石马、石狮、石象等精致石雕石刻。整个土司建筑群，以其巧妙的构思和完整自然的布局，使中原皇家建筑文化与骆越古朴民风得到了很好的糅合，堪称宫府建筑的典范。

走进莫氏土司衙门，不仅其建筑面积、风格和布局令人惊叹，而其独特别致的色彩和装饰也让人大开眼界。

长达数千年的封建社会，人们对建筑物及服饰颜料的使用也被赋予了浓重的政治色彩。封建皇室以黄为尊，赤色次之，以下依次为绿、青、蓝、黑、灰。莫氏土司衙门在颜色的使用上也颇为讲究，它巧妙地避开了皇宫建筑常用的金黄色，大量地使用了赤红色这种吉祥尊贵的色彩。以赤红色为主调，辅以绿、黑、白颜色。在大门、柱子、屋架、檩条、椽皮、花窗甚至床架、茶几、桌凳都使用赤红的颜色，给人以至上、温暖、热烈和富丽堂皇的感觉。

“壮乡故宫”——莫氏土司府

莫氏土司建筑群的装饰种类繁多，尤其体现在屋檐、屋脊、柱础、花窗之上。在土司衙门和土司祠堂，从上至屋脊，下至柱础，内至屏风，外至照壁，大至花窗，小至瓦当，或石刻，或木雕，或泥塑，或彩画，遍布了各种栩栩如生的人物或动植物形象。计有大量的人物以及狮、虎、麒麟、蝙蝠、蝴蝶、鹿、鹭鸶、螭吻、鹤、鱼、猴、兔、象、喜鹊等动物，植物则有松树、葫芦、竹子和花草等。

建筑群还有众多的石鼓，几乎分布在所有的柱础上面。这些石鼓上或飘浮几朵云纹，或浮雕上一些吉祥动物，令普通的石鼓赋予了工艺品的本质。

作为土司府的附属建筑，土司陵园除了石雕、华表外，还有牌坊。据说是当年十九代土司莫向岩积极镇压太平天国有功，被清廷赏戴花翎，于同治初年建成的。陵园还有石人、石牛、石马、石狮、石象、石兔和石鼓，均由大青石雕刻而成，十分壮观。

往事如烟。伫立于翠屏山下的忻城莫氏土司府，见证了数百年壮族地区土司制度的兴旺与衰落，也见证了这块土地多舛的命运和世事的变迁。

壮医药印章

壮医文化

从秦汉时期开始，壮族的先祖骆越、西瓯人早就发明创造了自己的医药。经过汉魏六朝的发展，至唐宋时已基本形成了草药内服、外洗、熏蒸、敷贴、佩药、角疗、灸法、骨刮、挑针、金针等10余种壮医科目，并逐步创建了壮医药理论体系。

古代壮医药发展

在土司制度下，官方设有医药机构，官方和民间有一定数量的专职医药人员。许多地方志明确记载，土司管辖下的庆远府、思恩府、天河县、武缘县、永淳县、南宁府等，均设有医学署。据不完全统计，明嘉靖十年(1531)，广西壮族聚居的40多个州府县土司均设有医学署。而且这些医学署的医官多为土人，即由当地少数民族担任，这对于壮医药的发展，无疑是一个促进的因素。

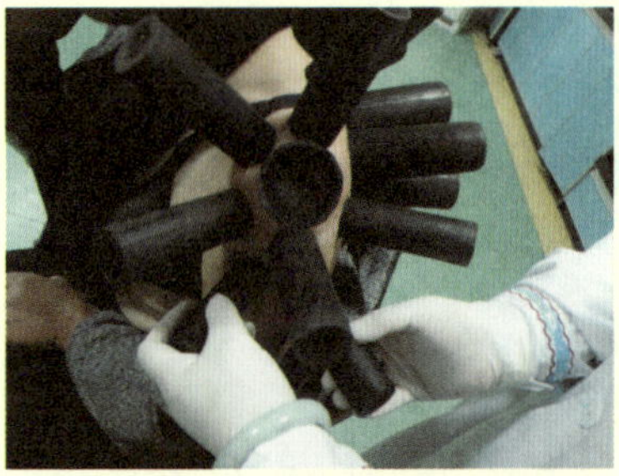

竹罐

壮医水蛭活体疗法

在一些地方，有的土司家属还直接从事医药工作。

据有关史料记载，宋代羁縻广源州壮族首领侬智高的母亲侬氏，就是一位精通医术的女壮医，擅长骨伤科。侬智高起兵反宋，兵败后逃往云南，侬氏还把壮医医术传播到了云南。

广西忻城县莫氏土司衙门里，就有专属于衙门的专职医生。清道光年间，忻城县土司衙署西侧曾建起一栋大夫第，莫氏土司第十九代孙莫述经就是大夫第里的专职医生，主管土司衙署大小官员及其眷属的保健事务，同时也兼理一些民间疾患。莫述经精通壮医疗法，擅长用本地的民族药和中药防病治病。土司的亲属从事医疗工作，说明在土司制度下壮医药社会地位并不一般。

知识链接 壮族地区的土司制度源于秦汉的土官土吏，开始于唐宋羁縻制度，全盛于明代，没落于清代，消亡于民国时期，延续了1000多年。在这个相当漫长的历史阶段，也正是壮民族医药形成和发展的重要时期。

在壮族民间，人们对名医、神医、药王的崇敬更是一种普遍的美德。忻城土司衙署附近，现仍保存有一座三界庙，当地民间传说，三界是壮族的一位神医，相传他得到仙人传授异术和法宝，专门为穷苦村民诊疗疾病，往往药到病除，起死回生，名气很大，民众以立庙敬之，以香火进贡。

壮族医药名师

对于壮族医药名师，社会的褒奖从不吝惜。清代庆远名医谭靖修就获官方一块牌匾，大书“妙手婆心”四字。一些民间壮医因医术高明、德高望重，而被历代封为地方名人入选地方志。如《象县志》之覃德本，同庚村人，善治跌打损伤。《三江县志》之侯第福，寨壮乡佳林村表脉理，用草药。《融县志》之路顺德，古鼎村人，殚精医学，著有《治蛊新方》一册。

▲ 壮医药线

正是由于这些壮族名医的精湛医术，一些特殊的诊疗方法和验方秘方才得以初步总结和逐步提高。

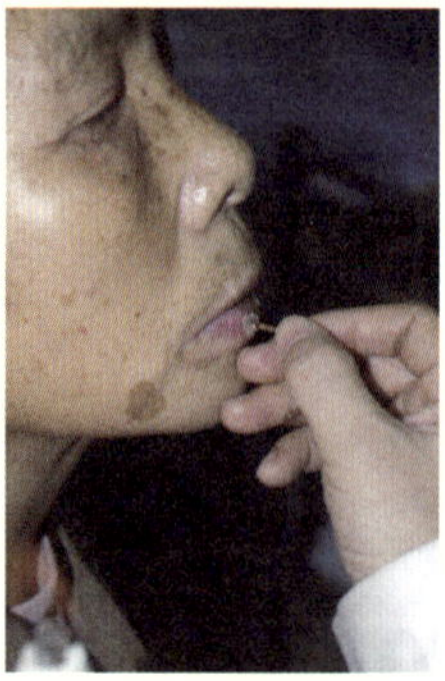

壮医药线 ▶

比如壮医浅刺疗法、斑麻救法、青蒿绞汁内服治瘴等，早在宋代文献中就有记载。南宋医书分类中，还出现了《岭南方》一类。清代《柳城县志》记载，当地患病者服药，不尽限于仲景叔和，间有用一二味草药奇验者。其他针灸之术，以妇人尤为擅长。著名的壮医药线点灸疗法，其主要传人就是清末民初的柳江女壮医楷覃氏。

一些壮族地区如靖西、忻城、贵港、隆林、广南、文山等还自发形成了具有一定规模的民族药市，促进了壮医药的交流和发展。

知识链接 壮族聚居地区由于复杂而典型的地理环境和气候条件，造就了十分丰富的药材资源。据1983—1987年的调查，仅壮族聚居的广西境内，中草药品种就达4 623种之多，其中植物药4 064种，动物药509种，矿物药50种，居全国第二。其中壮医常用药达709种。自1993年以来，全区又进行一次壮药普查，发现了新的壮药品种397种。因此，仅广西境内壮药品种就达千种以上。

传承至今的壮药

壮药历史悠久，源远流长。某些品种的壮药较早地得到开发利用，同时成为著名的中药。

例如《后汉书·马援列传》载：马援“出征交阯，土多瘴气”，因常服薏苡仁而能防治瘴疾，后带回中原。薏苡仁至今仍是壮医常用药，也是常用中药，盛产于壮族聚居的百色、文山各县。在贵县罗泊湾汉墓出土的文物中，就有铁冬青、金银花等壮医常用药。在《神农本草经》收载的365种药物中，壮族地区盛产的菌桂、牡桂、苡仁、丹砂、钟乳石等均在其列。该书中有“除寒热邪气，破积聚愈病”等作用的“下药”125种，壮族地区大多有出产。唐代《新修本草》也收载了不少壮药，如蚺蛇胆、滑石、钓樟根皮、茯苓、桂、蒜、瓜芦木、黑石脂、钩吻、白花藤蛇黄、郁金、苏方木、狼跋子等。《本草拾遗》中，还收载了著名的壮医解毒药陈家白药和甘家白药，这两种药在当时已作为上贡朝廷的贡品。

壮医药碾

壮药学派和学术机构

经过千百年的演进，壮医药自然而然地形成了不同的学派，到了当代更是特点鲜明。当代知名的壮医学者代表人物有罗家安、班秀文、覃保霖、龙玉乾、黄瑾明、王鉴钧、黄汉儒、黄老五、苏汉良、黄尚勋、岑利族、韦金育、刘智生、牙廷艺、黄燮才、黄正雄、庞声航、黄冬玲、庞宇舟、赵作锦、钟鸣、朱芳武、沈绍林等人。

广西壮医医院

壮医药也有自己的学术机构，包括广西中医学院壮医药研究所和壮医药学院、广西民族医药研究所、广西壮医医院、柳州地区民族医药研究所、广西靖西壮医药学校和桂林市壮医研究所。

臨江街

第三章
物华天宝
美丽南方

壮族不仅有那文化，也有属于自己的坡文化。

壮族与河流的关系千丝万缕，源远流长。庞大的西江水系，养育了世世代代的壮族人。与那些雄峻的山脉峰峦相比，壮族人更喜欢傍水而居，因而，壮族自古就有“无水不居”之说。

壮族人喜欢水。从比古骆越、西瓯人更早的古人类开始，壮族先祖就一直栖居在南方珠江水系繁衍生息，一直生活在这片中国水资源最丰富的地区。

山高水长

壮族分布居住的地区，边缘而多山，地势由西北向东南倾斜。西部有薄竹山、六诏山脉从云南文山延伸到广西的那坡、靖西、德保等县；北部有凤凰山、九万大山、大苗山和天平山等；东部有姑婆山、大桂山、大容山，广东连山有五岭之一的萌渚岭绵延起伏；中部偏东盘亘着大瑶山、莲花山等山脉，中部偏西有都阳山、大明山等；西南部边沿有十万大山、公母山、大青山等。

岑王老山

靠山而居，是壮族比较常见的居住方式。靠山吃山，则是壮族的一种生活方式。有的壮族人自称山佬、山人，表明了他们对山的一种态度，更是一种尊敬。

现代壮族聚居之地，可谓奇山秀水，风光无限。境内海拔1 000米以上的高峰数不胜数，壮区有名气的大山有“华南第一峰”猫儿山、真宝顶、大瑶山、十万大山、岑王老山、元宝山、大明山、姑婆山、六诏山、都阳山等。在这些名山中，尤以猫儿山、真宝顶、元宝山和岑王老山、韭菜岭、大麦地、薄竹山最

凌云AAAA级景区：茶山金字塔雾景

高，其海拔均在2 000米以上。

比起广西的其他名山，岑王老山似乎没有那么高的名气，是那种山不很险，风光比较平常的山峰。可是，“相貌平常”的岑王老山却不是一座平常的山，作为广西的第四大高峰，它海拔高达2 062米，盘踞在桂西北的田林、凌云、乐业交界处，与红水河北岸的云贵高原遥遥相望，被认为是这个西南高原的延伸。

岑王老山是神秘而富于传奇色彩的。它的本名叫“老山”。相传宋元朝时，山上住进了一个岑姓土王，此人占山为王，不让别人进山打猎采药，因而恶名远扬，连老山也被他篡改为“岑王老山”，一直叫到今天。说其神秘，是因为它常年云雾缭绕，山中古树参天，原始森林密布，生长着大量的植物药材，被行家们誉为少见的“中草药仓库”。

在桂西北高地，岑王老山还是一座天然水库。庞大的山体，茂密的森林植被，使岑王老山形成了自己独立的森林生态系统，成为广西十大水源林保护区之一。

岑王老山风光

知识链接 丰富的动植物资源使岑王老山的知名度也愈来愈大。野生动物的天堂，黑颈长鹿、蟒蛇、野猪、黄麂、娃娃鱼、麝、狸等藏于山间，其中国家一、二、三级保护动物达几十种。2005年11月，经国家环保总局评审，岑王老山被升格为国家级自然保护区，其保护对象为“南亚热带中山常绿落叶阔叶混交林和垂直带谱的森林生态系统”，保护区面积达18 994公顷。

▲

凌云AAAA级景区：茶山金字塔

发源于岑王老山众多河流中，景色最美、也最具旅游开发价值的要数布柳河了。布柳河从田林境内流出来，浇灌和滋润了凌云茶山田垌，到了乐业境内便形成了一条水流丰沛、两岸景致迷人的河流。在乐业县与天峨县交界处，布柳河更是巧夺天工，形成了举世闻名的天生桥。这个天下奇观向人们展示了大自然的神奇与造化，令每个从河上乘舟穿桥而过的人惊叹不已。

凌云茶山 ▶

靠山吃山，这句老话在今天的岑王老山得到了最本质的演绎与阐释。山上长树，树下长中草药，地下生水，水流成河，河可灌溉，也可发电，还可通航。至此，岑王老山应该可谓功德圆满了。然而，岑王老山给人们带来的好处并没到此为止。它独特的植物生态系统和高有机质土壤、高海拔催生出了广西的一代名茶——凌云茶。当凌云茶叶以其优秀品质打动世界的时候，岑王老山依然如憨厚的桂西北的壮族汉子，默默地矗立于桂西高地上。

十万大山

许多人知道十万大山，可能是从电影《英雄虎胆》开始的。由于20世纪50年代这部电影的实景拍摄和传播，使十万大山名气响遍了五湖四海。

其实，十万大山之所以让人惊奇，主要在于它的名字。相对而言，十万大山并不很大，东西长约74公里，南北宽40多公里，其主峰也不大高，只有1 462米。不过，它既是广西南部最高山地，也是我国南方沿海最高的山地。它的得名，可能因靠近海岸有关；可能还因为，山上海拔千米以上的山峰多达82座，那些小山峰自然就成千上万了。

晴朗的日子，从防城东兴海边平地仰头北望，就能依稀看见十万大山的雄姿。它庞大的山体如一道巨大的屏障，层层叠叠横亘在人们的眼前，让人生起此山十万的感觉。

不走进大山，就不知道山的奇、峰的峻、林的密、水的清、气的纯。作为广西最南端的一座名山，十万大山并非浪得虚名。受海洋性气候的影响，这里热量丰富，雨量充沛，生长着大量热带森林资源和其他动植物资源。山上原生性植被多为亚热带季雨林和季风带绿叶林，如狭叶雅楠、紫荆木、米老排等，林内植物种类达1 890种以上。被誉为植物界的大熊猫、茶族皇后金花茶就生长于此山，这里是世界上唯一的金花茶自然保护区。山上的动物种类达500余种，国家重点保护动物如黑颈长尾雉、猕猴、

十万大山风光如梦幻

乐业杜鹃红

华南虎等珍禽异兽更是山上的宝贝。据2000年全国林业系统自然保护区体系规划统计，十万大山地区总热值为26.35，仅排在川西峡谷地区、滇西地区和南岭地区之后，列全国第四位。十万大山也因此成为全国林业系统自然保护区规划筛选的16个全国生物多样性保护热点地区之一。2003年6月，十万大山晋升为国家级自然保护区。

茂密的森林植被，丰富的动植物资源，险峻的峰峦，清纯的水流，新鲜的空气，构成了山高水长、无峰不秀、无景不奇的独特自然景观。十万大山被认为集“华山之峻峭、衡岳之烟云、匡庐之飞瀑、雁荡之巧石、峨眉之清幽、黄山之苍莽”于一山，逐渐成为著名的旅游探险胜地。并催生出了国家森林公园景区、八寨沟景区、野人谷漂流和红石谷漂流等旅游景点。

从十万大山上发源的北仑河流到东兴后，成为中国和越南的界河，是当地的壮族民众和对岸的越南人民友好交往的见证。如今，每天河上各种船只往来穿梭，或搭载货物，或带客来往，一派繁忙景象。

大明山

在壮区所有的名山中，与壮族关系最为密切的可能要数大明山了。

大明山是广西中部最高最大的山，平均海拔1 200米，最高峰龙头山海拔1 764米。它横跨武鸣、上林、马山、宾阳四县，不仅是壮族的世居之地，也是现代壮族的主要居住区之一。据不完全统计，目前居住在大明山周边，并受到大明山自然资源影响的人口已近百万人之众。

大明山被誉为自治区首府南宁市的后花园，距离约90公里，与武鸣、上林、马山、宾阳等县城距离均在50公里之内，是名副其实的城市名山。

大明山山门

有人说，大明山是一座古老而又年轻的山，这是一种比较确切的说法。如果有机会从空中鸟瞰大明山，一定会对大明山奇特的山体感到迷惑不解。它呈西北至东南走向100多公里，而横宽只有25公里，俨然就像是一堵平地上矗立的高墙。这便是地质运动的杰作。

据地质专家考证，大明山山体的形成，与五亿七千多万年前的一次地壳运动有关，不过它只是地球上一个不起眼的皱褶。后来又经过几亿年冰川活动和大陆板块的多次挤压和碰撞，最终形成了现在的大明山。

大明山自古便是人类的理想栖居地。因为地处亚热带，山上有茂密的森林和丰沛的水源，有丰富的猎物和大量的野果野菌，这一切都是古人类生存的必备条件。

大明山古属百越之地，早在商周时代，就有越人生活在这里

大明山天坪

了。和红水河、右江两岸的众多山体一样，大明山孕育了壮族先祖古越人的文明。历经数千万年的沧桑，这些文明的影子至今仍在大明山上留下了深刻印迹。

大明山最早的称谓始见北宋的《太平寰宇记》，叫博邪山。南宋的《舆地纪胜》又称镆铘山。

知识链接 **镆铘山的由来** 据《吴越春秋·阖闾内传》记载，吴王让手下一个叫干将的人铸造一把剑，铁浆老是出不了炉，于是干将找他的妻子莫邪商量。干将说，从前他的先师欧治子铸剑时，曾经让女人配给炉神，剑立即铸得很好。莫邪听了，二话不说就投身烈炉里，铁浆马上就流出来了。干将于是把铁浆铸成了两把剑，一把是雄剑，叫干将；一把是雌剑，叫莫邪。莫邪在历代的史记中又称为镆铘。民间传说，有人从博邪山中得到一柄宝剑，便取名为莫邪（镆铘）剑，博邪山也称为镆铘山。明代武鸣诗人李壁有诗云："仙人佩得镆铘还，误落飞泉第一湾，三尺何年化龙去，空留万丈镆铘山。"此诗既记述了"镆铘化龙"的传说，也证实了"镆铘山"得名的来历。

到了明代，大明山的名称有了进一步的演绎。时任广西布政使的王守仁曾经这样形容大明山："每岁秋烟云积郁，内有声，似风非风，似雨非雨，似雷非雷，似波涛非波涛，或三日或旬日乃止，名曰大鸣。故被称为大鸣山。"后来，有人看到此山"蜿蜒叠翠中，有五峰直插霄汉，上有潭，深不可测，时吐红光，远烛数里"，故又称之为大明山。此名曾被明代著名游记作家徐霞客在写于崇祯十年（1637）十二月十日的第一篇游记中用过。徐霞客还在游记中提出了"岂大明即镆铘耶"的疑问，进一步证实大明山的前身就是镆铘山的说法。不过这种叫法与当时的大明朝有所忌讳，故又改称大名山或大冥山。

清代时期对大明山的称谓也各有异同，在众多的史书中，共有大名山、大冥山、大明山、大鸣山、莫邪山等多种叫法，而且周边县份的叫法也略有不同。这个时段还产生了一个传说。

古代有一位善良的壮族老人，无儿无女，孑然一身。一个寒冷的冬天，他在山上捡到一条快要冻死的小花蛇，便拿回家饲养。渐渐地，小蛇长成了一条龙，他称之为独龙。老人视独龙如亲生子，照料有加。老人过世时，独龙也长大了，它独自在大明山最高处垒起了一座坟墓，把老人安葬在山顶上。这座山就是大明山主峰镆铘山，从此后镆铘山就被称作龙头峰。山下的壮族人说，每年农历三月三，龙头峰上云雾缭绕，那是独龙回来给老人扫墓来了。三月三过后，山上雾清云散，独龙又回东海去了。

为此，清武鸣诗人又有诗道：“宝剑当年已化龙，青山留得削芙蓉。润涵海气时云雨，突起峰峦遍太空。”

大明山不仅有龙头峰，还有龙河，1 200米高的山上还有龙湖，衬托出大明山巨大山体的龙脉气概。于是，有些专家学者认为，大明山的自然与人文景观已经构成了珠江龙母文化发祥地的要素。

大明山龙湖

这么高的大明山上，竟有一条驿道北起上林大丰，经罗勘、黎口隘、三黎至武鸣马头，是宋元明清的重要官道。宋代邕州知州陶弼诗有《镆铘关》一首：“三任边州六往还，此时又度镆铘关，访僧莫道无闲事，手指青天口说缘。”这条古道不仅陶知州一个人有描述，在《徐霞客游记》里也有记述。

大明山上的古迹，也不止一条古道。还有六毛峰下的六毛屯，据称是元明时期八寨壮瑶起义军的主要战场之一。天坪仙圩，位于大明山顶处的6块草地，每块均100多亩，不长树木。地上有石砌屋基多处，有明显的古寨古堡残迹。是什么人于什么时候在此大兴土木，盘踞一方？有说是八寨义军的，有说是吴三桂的，有说侬智高的，有说石达开残部的，众说纷纭。不过，从草坪的规模上来揣测，此处极有可能是太平天国起义军石达开残部的营盘。此外，山上还有石磨隘、何旺堡、渌林隘、绿驮隘和黄忠立故宅、那克护林碑等明清以前的古迹遗址。

与厚重人文历史的一面相比，大明山的另一面又是年轻的。随着现代交通条件的不断改善，人们对大明山似乎渐渐疏远了，甚至变得陌生了。直至近年，一度被冷落的大明山才又逐渐被人们记起，成为旅游热点。

清流两岸

传说，自从布洛陀凿通了一条条大小河流，把漫天的洪水排走，壮族人就开始从岩洞住到河边，开始种植水稻、养水牛、造水车、开水渠、造水田……如今，在壮族村寨里，老人们还在不断地重复着同样的故事。

丘陵广布，多山多岭的壮区里如此众多的河流和丰富的水资源，这在许多少数民族聚居区是不多见的。壮区的知名河流主要有南盘江、红水河、郁江、柳江、右江、左江、龙江、贺江等。此外，还有一些流量虽小，却极具人文底蕴及自然观赏价值的河流，比如驮娘江、西洋江、布柳河、盘阳河、下枧河、明江、丽江、黑水河、北仑河、八尺江、刁江、迁江等。

红水河

在壮区，不管有多少条江河，也不管有多少座高山，红水河的地位是不可取代的。一条红水河，由西到东，几乎横贯整个壮区。发源于云南东部沾益的马雄山，全长2 197公里。

红水河，桂西北壮族人尊称为红色江（河）。在壮族人眼里，一条河是由10条溪汇成的，一条江又是由十条河合成的。说起红水河的称谓，最能引起人们兴趣的是那一河川流不息的红水。由于红水河发源地滇东高原地区，是我国有名的红壤区，地表土壤的颜色呈红褐色。红水河从源头流出来后，不叫红水河，而是称南盘江，向南流经曲靖、陆良、宜良、路南、澄江、华宁，到了开远后突然拐向东北，过弥勒、泸西、师宗、罗平、丘北，进入广西后遂成黔桂两省（区）的界河，沿途流经西林、兴义、隆林、安龙、田林、册亨、乐业，在贵州望谟县的蔗香与北

▲

东兰县境内的红水河

盘江汇合后，改称红水河，继续朝东北流。经天峨和罗甸交界处，便开始踅往南方，进入广西腹地。

再次进入广西后的红水河，便开始了它的喀斯特山地之旅。其流经南丹、东兰、巴马、大化、都安、马山、忻城、合山，到

知识链接 **红水河发电工程** 从长度上看珠江在我国的河流中排名第四，居长江、黄河、黑龙江之后，但是排水量却仅次长江。丰沛的水流使得珠江蕴涵着巨大的水能，尤其是红水河段。由西向东倾斜的地貌，为水量丰富的红水河提供了巨大的落差。仅南盘江全长936公里河段，总落差就达1 854米。而南盘江从流入广西西林境内，至桂平与郁江汇合处，这全长1 056公里的河段，其天然落差达760余米。其中隆林天生桥纳贡河段落差最大，14.5公里的河段落差达181米，平均每公里落差13米。相当于黄河两倍的流水量加上巨大的落差，造就了红水河大型水利梯级工程开发。按1981年经国务院批准的规划，在长达1 000公里的河段上，将兴建天生桥一级、天生桥二级、平班、龙滩、岩滩、大化、百龙滩、恶滩、桥恐和大藤峡等10个梯级电站，总装机容量达1 300万千瓦。其中被誉为红水河水电开发龙头的龙滩电站规划总装机容量达630万千瓦，总库容162亿立方米，仅次于长江三峡工程。

广西红水河发电站

来宾与柳江汇流后称为黔江。经象州、武宣于桂平市区和西来的郁江合流，成为西江。从梧州进入广东后经肇庆至三水，与南下的北江汇流，以珠江之名南向大海。和其他大江大河不一样，红水河从发源到入海，恐怕是更换名字最多的一条大河了，而最终借以珠江的名义入海，也是诸多的大河中绝无仅有的。

历经亿万年的冲刷，形成了喀斯特地貌独特的红水河谷风光。在桂西北山地河段，红水河似一把利剑，劈山削岭，左冲右突，硬生生地把云贵高原南麓切割成一条蜿蜒曲折的通道，使水流变得更加激荡澎湃。桂西北河段的红水河，不仅岸陡、滩险、潭深，而且河床变化莫测，丰水期可宽达二三百米，枯水期的时候只有几十米，有的地方仅有十多米，只剩下两岸嶙峋突兀的河滩和深幽幽的河槽。在大化河段陡峭的岸壁上，有一段被称为八十里画廊的河岸，两岸的奇山、绿竹、隐约可见的村寨，构成了一幅幅美不胜收的风景画。最为壮观的岸崖，当推百龙滩库区的那块巨型“壮锦岩”莫属，这块宽高约100米的大壮锦，除了红水河之外，恐怕唯有布洛陀才可以织造。

就人居环境而言，红水河从一进入广西，就伴随着两岸浓郁的民族风情或歌或舞。它如同一个来自云贵高原的尊贵客人，陶醉在壮族同胞精心酿制的美酒里，沉迷在吊脚楼旁，迷失在壮欢歌海之中。红水河畔除了壮族居住外，还有布依族、苗族、仡佬族、汉族、瑶族和彝族等民族居住。这些民族世代休戚与共友好相处，是红水河为媒为证，使这片地域生活的人们充满了生命的激情和爱的内涵。

现存的大量自然资源，如滇、黔、桂交界的三江口、万峰湖、乐业天坑群、七百弄、大化八十里画廊、大藤峡和红水河奇

知识链接 **乐业天坑群** 在桂西北乐业县的莽莽群山之中，隐藏着28个天坑，其中以大石围天坑最为壮观，黄猄洞天坑最为独特。经过10多个国家的专家科考论证，在乐业20平方公里范围内发现的天坑已达28个，其天坑数量和天坑分布密度世界绝无仅有。在全世界13个超大型天坑中，分布在乐业的就有7个。因此，乐业县也被誉为“世界天坑之都”、“世界天坑博物馆”。

乐业黄猄洞天坑

乐业大石围天坑，地理学上叫作“喀斯特漏斗”，“石围”则是当地人对天坑的叫法。天坑是碳酸盐岩的可溶性遭受雨水和地下河水的侵蚀，形成的巨大坑洞，是整个“天坑”溶洞群中的最具代表性，也是最有名的景点之一，有“天然绝壁地宫”之美称。

黄猄洞天坑位于黄猄洞国家森林公园内，距乐业县城30公里，天坑地貌惊险壮观，坑口森林茂密，坑底大面积地下森林栖息着大型野生动物，坑内西侧有落差100多米的季节性瀑布。坑边有蛙王护洞的传说和七仙女下凡的故事。坑内有神秘天坑金刚、天坑仙鸽和黄猄神像等29个自然风景点，堪称天坑、森林、瀑布、神话的完美结合。

目前，乐业大石围天坑群已获得“国家地质公园”、“国家森林公园”、“国际岩溶与洞穴探险科考基地”、“中国青少年科学考察探险基地”四个称号，正在积极申报“世界地质公园”和“世界自然遗产”。

石等，可以称为红水河的造化与杰作。

一条红水河，源自千古，长在高原，无惧无畏，蔚为壮观。

郁江

壮族地区的河流、河畔多为壮族人聚居。如果说红水河畔是多民族杂居，那么，流经广西腹地的郁江两岸，则是以壮族和汉族聚居了。

郁江是珠江流域西江水系最大支流，位于广西壮族自治区南部。北源右江为正源，发源于云南省广南县境内的杨梅山；南源左江源于越南境内。左、右江在南宁市西乡塘区和江南区交界处的宋村汇合后，流经南宁市、横县、贵港市和桂平市，至桂平市与黔江汇流处的河段，称为郁江，全江长418公里。

德保鉴河风光

南宁花花大世界

郁江的上游河段邕江，起于南宁市西乡塘区宋村，止于横县六景镇道庄村，流经南宁市的江南区、西乡塘区、兴宁区、良庆区、邕宁区、青秀区、横县。全长133.8公里，流域面积6 120平方公里。邕江一名始于唐代。一说因邕州得名，又因南宁市郊原有邕溪故名。

在郁江河段，坐落着广西两个重要的城市，一个是自治区首府南宁，另一个是新兴的城市贵港。而这两座城市当中，南宁市亦可堪称壮族城市。

南宁市是广西壮族自治区首府，北部湾经济区核心城市，华

知识链接 **南宁市**

南宁（壮文：namzningz），简称邕，古称邕州，南宁市历史悠久，古代属于百越之地。秦始皇帝二十三年（前214）置桂林郡、象郡。南宁属桂林郡辖地。汉高祖元年（前206），赵佗建立南越国，南宁为其辖地。东晋大兴元年（318）设晋兴郡，距今已有1690多年的历史。唐朝贞观八年（634），唐太宗定名为邕州，南宁简称“邕”由此而来。

宋朝统一全国后，邕州隶属广南西路，下辖宣化、武缘等7县，南宁仍为邕州和宣化县治所。元朝至元十六年（1279），改邕州为邕州路，今南宁为路总管府治所，下辖宣化、武缘两县，并管左右两江溪峒。泰定元年（1324）为庆边疆之绥服，寓南疆安宁之意，改邕州路为南宁路。南宁得名，即始于此。明朝洪武元年（1368），改南宁路为南宁府，今南宁为府治所，隶属广西布政使司。

清朝时，南宁府隶属于广西省分巡左江道，所辖州、县基本沿袭明朝。南宁既为南宁府治又为左江道治和宣化县治。清宣统三年（1911）九月，南宁宣布独立。民国元年（1912）废宣化县，以南宁府长理事，直属广西军政府，后改称广西省政府。

1949年12月4日，南宁解放，将南宁城及附近的16个自然村从邕宁县划出。成立直辖广西省的南宁市。1950年1月23日南宁市人民政府正式对外办公；2月初，南宁市郊扩大至21个自然村并设郊区工委（辖3个区）。1950年2月8日，广西省人民政府成立，省会设在南宁。1957年7月，第一届全国人民代表大会第四次会议通过决议，撤销广西省建制，成立广西壮族自治区。1958年3月5日，广西壮族自治区在南宁宣告成立，南宁为广西壮族自治区首府。1958—2002年间，作为自治区首府的南宁市和南宁地区并存。

大新县明仕村明仕田园景区

2002年12月23日，国务院批准撤销南宁地区设立地级崇左市，辖原南宁地区南部凭祥市和崇左、扶绥、大新、宁明、龙州等县。原南宁地区邕宁、横县、马山、宾阳、隆安、上林划归南宁市。

南宁市行政区划为六区六县，共84个镇、15个乡、3个民族乡、22个街道。根据2010年第六次全国人口普查主要数据，常住人口为703万人，其中壮族人口339万。

南地区特大城市，中国东盟博览会永久举办地，是广西的政治、经济、文化、科教、金融和贸易中心。

贵港市，位于广西壮族自治区东南部，西江流域中游，浔郁平原中部，是大西南出海通道的重要门户，贵港港口为中国西部地区内河第一大港，西江黄金水道流经市境，东临梧州、南临玉林和钦州、西接南宁、北邻来宾。

贵港市港北区港城镇龙井村上龙屯壮族妇女

古老的郁江承载着悠远的历史。1954年起不断发现，南起郁江北岸，北至七里江桥，在这一东西长7.5千米、南北宽2.5千米狭长地带，拥有多达数百座的土堆，这就是贵县罗泊湾汉墓群。至今已发掘500余座，出土文物1万余件。许多漆器底部烙印“布山”二字，表明是当地产品。墓主极有可能是西汉初年岭南割据政权南越的高级官吏。1979年发掘罗泊湾2号墓，椁底也有殉葬人，并出有“夫人”玉印和“家啬夫印”封泥。墓主可能是南越王国高级官吏的配偶。

随着珠江黄金水道的开发，悠悠郁江正在焕发出栩栩生机。

扬美古镇：腌酸菜

左江

乘着先民打造的独木舟从南宁溯江而上，来到宋村的三江口，一左一右两条大江便横亘于眼前。从左边水道逆流而上，不远就到了号称左江下游两古镇的扬美和下楞。

作为“左江四大古商埠”之一的扬美和对岸的下楞村一起，都始建于宋代，至今已有1 000多年历史。到了明清，这里已经是一个商贾云集之地。扬美古镇历史上曾经一度繁华，一条“临江街”依江岸而建。如今，300多米的街道依然铺着青石板，狭窄的小巷两旁，均保持了青砖、灰瓦、门墩、厚木门等，古风尚存。街的两头有码头伸至江边，若干小船泊在岸边的古树下，怡然自得。唯有孔庙、魁星楼、慕义门、黄氏庄园、进士旧居和辛亥革命先烈梁烈亚的故居等古迹，尚能印证扬美昔日的繁华。

▲

南宁市扬美古镇：临江街

和扬美不一样，下楞是一个纯粹的壮族村镇。由于靠水而居，下楞至今仍保留有许多独特的节庆风情，如正月十二粽子节、三月三节、五月初六龙舟赛、九月二十九糯米饭节等。每逢祝寿或丧葬，则有“过天桥”“踩花灯”和“放河灯”等传统节目。

左江流域，像扬美、下楞这样的古镇、古商埠还有很多，比如上游的水口镇、龙州镇、明江镇、太平镇、响水镇等等。千百年来，许多来粤港澳的商人乘船而上，把货物和白话（粤语）带到了左江流域，生根开花。

继续朝西南逆流而上，左江经过扶绥、驮卢，便来到新兴的边陲城市崇左。崇左是广西最年轻的城市之一，辖五县一区一市，总人口227万，壮族人口占总人口的89%。江洲区的前身为崇左县，境内有著名的自然景观左江石景林，占地1 000余亩。踏入石景林，曲径通幽，绿树成荫，野藤缠绕。石林上的石柱、石峰、石洞，形状千姿百态。徜徉其间，仿佛来到了一个艺术的

南宁市到扬美古镇路上的老口渡口

花山壁画景区：明江风光

石头世界。

在崇左市区东北方向3公里处，有一个叫鳌头山的小岛，岛上昂立着一座5层高的古塔——归龙塔。塔的得名来自一个古老的传说，相传古时候，左江中游有一条妖龙，凶恶残暴，时常兴风作浪，翻船溺人，使得来往于左江上的船家人心惶惶。有个叫水宝的后生，看不下恶龙作孽，他练就一身武艺后，在神仙的帮助下杀死了妖龙，为民除了大害。当地人为了纪念他，特意建了座塔，称为归龙塔，又称水宝塔。

左江流域是壮族地区历史文化内涵最为丰富的地区，它的一个奇迹是分布在沿岸100多公里的崖壁画。美丽多姿的左江愈靠

知识链接 **归龙塔** 归龙塔是一座斜塔，塔高23.38米，塔底直径5米，塔身呈八角面体，每层开有一窗。令人惊奇的是，无论是从那个方向观望，归龙塔总是朝向人所在的方向倾斜。据史料记载，归龙塔为太平知府李友梅于明朝启元年始建，最初只有三层，到清康熙年间，当时的太平知府又加建了两层。归龙塔至今已有370余年的历史。1986年第九期《新观察》载文称：归龙塔为世界八大斜塔之一，与意大利比萨斜塔并列。

归龙塔斜塔

近源头，它的触角就愈多，而其内涵也愈加丰富多彩。许多人都极容易被凭祥迷住，缘于凭祥是一个边陲历史文化名镇。早在汉代，汉王朝就斥资在中越边境要道一个坳上修建了一个关楼，这就是名副其实的南国第一关——雍鸡关。

明洪武元年（1368）更名为鸡陵关，宣德年（1428）改名镇南关，此后几度被毁，又几经重建改建，至新中国成立初期的1953年，更名为睦南关，1965年经国务院批准，正式命名为“友谊关”。关楼门上建一层楼阁，琉璃瓦顶，檐廊木柱，四周有棂窗。经1957年和1965年两次扩建，成了现在的拱式城门和三层楼样式。关楼高22米，底层为石砌隧道型拱城门，公路可从城

友谊关

凭祥市友谊关景区：法式楼

门通过。城墙厚实，齿形城垛，两边石栏杆雕刻精细，门窗构图精美。城门上“友谊关”三字为陈毅元帅墨迹，字体苍劲有力。

与凭祥一山之隔的龙州，则因为发生在1930年由邓小平、李明瑞在此举行的起义而名震中外。龙州是一座有1 000多年历史的古越人城镇，其繁盛时期是在1885年中法战争结束之后。法国人在龙州设立领事馆，1887年龙州被开辟为通商口岸，于是美孚洋行、亚细亚洋行、海关、天主教堂、福音堂等先后设立，把一个边陲小城挤得满当当的。龙州，可以称得上是壮族地区受外国势力和殖民地文化影响最深的县份了。

在邓小平、李明瑞等到来之前，龙州早已有不少先贤光临此地，比如梁启超、蔡锷、钮永建等。早早就被外国人视为东方乐土的龙州，并未因此而丧失掉自己民族的特质。在金龙乡下，有一些壮族村子至今仍然保留着自己独有的长衫服饰；在丽江之滨，流传了千百年的天琴依然是壮民们的宠爱。

右江

如果说左江流域的文化色彩是丰富而斑斓的，那么，右江流域的文化则多是深厚而又大气。

右江流域涵盖了隆安、平果、田东、田阳、德保、靖西、百色、凌云、乐业、田林、西林、隆林以及云南省的广南、富宁等县，对其最普遍的概念，就是百色市现在的辖地加上周边地区。

▲

河池市巴马县赐福大桥

20世纪20年代末，共产党人邓小平和张云逸以及韦拔群等一批壮族优秀儿女，在右江河谷发动了著名的百色起义。而形成的右江革命根据地就包括了河池市的东兰、巴马和凤山等地。

不知是始祖布洛陀的神力，还是地球之神的眷顾，使右江之滨拥有一大片宽阔而肥沃的冲积平原，这就是百色盆地。百色盆地从西北走向东南，长约100余公里，宽约15公里，总面积近1 000平方公里。这里的壮族人口比例高达95%以上，高于整个流域80%的比例。

20世纪之前，百色盆地一直是默默无闻的。缓缓流淌的右江上，百舸争流，鱼肥水美。两岸阡陌纵横，稻浪滚滚。村庄和城镇上的人们或歌，或舞，或商，或农，或喜，或悲，过着一种完全河谷式的自给自足的生活。直到20世纪上半叶爆发了百色起义，再到八九十年代人们陆续发现了石斧等石器，百色盆地和右江才算真正被人们熟知。

右江河谷虽然出名较晚，但它不鸣则已，一鸣惊人。人们先是在这里发现了石油和大量石器，后来又发现了超大型的铝土矿、布洛陀文化遗址和久唱不衰的嘹歌。

平果县右江风貌

在平果、田东、田阳这些地方，人们唱嘹歌是很久很久以前的事情了。当初，人们唱嘹歌是在牛背上唱的，是在耍风流的时候唱的。唱来唱去，边唱边耍，一直唱到了今天，也一直耍到了今天。

山城百色，既是右江边上的航运枢纽，又是桂西地区政治经济文化的中心。还没有公路的时候，各种大小商船沿着珠江、西江、郁江和右江直达或者途经这里，挤满了澄碧河与右江汇合处的大码头。船靠码头，有的是卸货装货；有的则加些补给，然后继续西行，往阳圩、剥隘，甚至更远的驮娘江、西洋江下游开去。

百色码头是右江上最古老的码头之一，和平果的码头、田东的平马、田阳的田州码头一样，早在唐宋时期就船影如织了。

百色市田林县玉凤镇：赶圩的妇女

让时光倒流，人们还可以想象出一幅100年前百色独有的图景。那时候的百色城，从大码头到百胜街一带，都是清一色的三层骑楼，商行满街，灯红酒绿，人来人往。码头上一派繁忙景象，货主、船家、挑夫、货物、船只、台阶、江水、吆喝声、号子声，人声鼎沸。城外的各个道口，各色马帮进进出出。进来的驮着八角、田七、香菇、云耳、兽皮、药材，甚至还有烟土。出城的驮着盐巴、洋纱、洋布、洋油、洋火、洋碱、洋灰……一出了城就钻进树林掩盖的古驿道，消失在延绵起伏的山峦之中。年复一年，日复一日，百色就像一颗心脏一样，源源不断地把右江和驿道当作血管，把来自各方的货物集散到各地去。

百色右江阳圩壮族少女

粤东会馆是当年人数最众的粤商们聚会、投宿和洽谈生意的地方，因而也是众多会馆中建得最大、最堂皇的，整个建筑面积达2 331平方米，建筑面积2 661平方米。

当年出入粤东会馆的粤商们不曾想到，两百多年后，这处他们曾经用于讨价还价的场所，会因为革命者邓小平的短暂逗留而名垂中国革命的史册。1929年12月11日，邓小平和他的战友们在这里成功地发动了革命武装起义，成立了中国工农红军第七军。作为红七军军部的粤东会馆，从此也有了与百色城内其他会馆，诸如灵州会馆、云南会馆、贵州会馆和江西会馆不同的身价。1961年，广西壮族自治区人民政府正式把这里列为自治区重点文物保护单位，同时在此建立了“右江革命文物馆”。1977年8月17日，邓小平亲自挥毫题名“中国工农红军第七军军部旧址”。1988年1月，国务院把粤东会馆列为“全国重点文物保护单位”。

知识链接 **粤东会馆** 坐落在旧码头附近解放街上的粤东会馆，见证了百色和右江近几百年的兴衰。这座由著名学者梁宗岱先祖建于清康熙五十九年（1721）的砖木结构建筑物，承传了南方建筑的艺术传统风格，以前、中、后三大殿宇为主轴，两面侧有对称的四个厢房和庑廊，构成了“日”字形的封闭式的独立建筑。殿宇庑廊，庭院通道，皆铺设红色阶砖和长方条石。殿堂廊下，全部由实木圆柱或花岗岩方形石柱支撑。中间前、中、后三大殿宇的内山墙壁上，分布着一批画工精美的水墨壁画。门廊、屋檐和屋脊上的各种石雕、绘画也颇具岭南特色，工艺精湛。

粤东会馆

在今天的百色城，与粤东会馆一样有名的还有清风楼、右江日报和百色起义纪念碑、百色起义纪念馆等纪念地。一次盛大的起义，不仅使这个英雄的壮乡城市留下了英名，同时也给壮族带来了无限的荣耀。

驮娘江

驮娘江是右江的主要干流，无论对于右江还是对于壮族人文历史都是有重要影响的。发源于云南省广南县的驮娘江，古称文象水，是古句町国境内最大的河流，它流经广南、西林、田林、富宁，与西洋江汇合后进入百色市右江区，其流域也是桂西北和云南省壮族最为集中的地区。

早在公元前的商周时代，驮娘江一带就有了古越人活动的足迹，尤其是到了公元前100年，以驮娘江为中轴线的古句町国应运而生。20世纪60年代末70年代初，位于驮娘江上游的西林县普驮村，相继出土了一座铜棺墓葬和一座铜鼓墓葬。这次出土与广南莲城法土龙城和阿用古城等文化遗址一起，被认为是古句町国文明最有力的佐证。

在驮娘江和西平河的汇流处，有一个依山傍水的那劳村。那

驮娘江风光

劳，壮语意为肥如猪油的田。这个只有百几十户壮族人家的山村，如果不是因为清朝末年出现了一门三总督岑毓英、岑毓宝、岑春煊，那么，即使稻田再肥也还只是个默默无闻的山寨。由于岑氏父子在清朝末年和民国初期的显赫地位，那劳也因而成了一个不同凡响的山寨。如今仍然屹立在寨子一隅的岑氏建筑群，依然能让人们感受到当年那种鹤立鸡群般的堂皇。

田林县驮娘江边板桃壮族少女

知识链接 **那劳岑氏建筑群** 始建于清光绪年间，由官保府、南阳书院、荣禄第、岑氏宗祠、增寿亭、思子楼、孝子孝女牌坊组成。这些建筑当中尤以官保府最为气派，官保府建于清光绪五年（1879），得名于云贵总督岑毓英受清皇朝封为太子太保，受旨赐建。建筑物为三进式院落，砖木结构，前进面为阔三间，后进为五间。建筑物上的柱、梁、檐坊为栩栩如生的彩画，门额上方悬挂雕有九龙环绕的“宫保府”立式牌匾。宫保府坐西朝东，依山而建，总占地面积约1350平方米。

那劳岑氏建筑群之增寿亭

灵妙之水

壮族世居的桂中、桂西南、桂西北和云南文云等地，可谓是江河密布，沟溪纵横。这些江河不仅为人们的生产生活提供了丰富的资源，同时也为壮乡的山水增添了绝美的风景。

泉，是万水之源。那些汹涌澎湃的大河，也是由无数的涓涓细流汇成的。壮乡多山，森林广布，山长树，树生水，水出泉。

壮乡还多喀斯特地貌，地下流淌着数不清的暗河和泉眼，一旦喷涌而出，便是一处处佳景。

灵水

壮乡的泉，数也数不完。许多有名的泉，往往不是以水花四溅的形式出现，比如武鸣灵水、靖西鹅泉、凌云水源洞、上林白龙洞、马山金伦洞、广南坝美洞等。此外，在平果、巴马、凤山等地，也有各种暗泉形成的“水源洞”分布。

这些泉和水源洞，既是一些江河的源头，往往又是当地的风景名胜，从而备受人们的崇拜和喜爱。武鸣的灵水就是其中的佼佼者。

灵水有灵。从古到今，当地人都这么说。从古到今，不管天有多大的旱情，灵水总是没见干涸过。也是不管有多大的洪灾，这水也不见浑浊，就连水位也不比往常高。再就是无论冬寒酷暑，这水都保持在23℃左右，冬暖夏凉，是真正的恒温、恒量、恒清之水。由于这些特性，灵水又有灵湖、灵源、灵犀水等几种别称。然而，关于灵水“灵”人们还有不同的说法。传说古时候泉中曾经有两只灵犀鸟在此栖息，每当风平浪静时就会浮出水面戏水，它们美丽的身影光彩四射，美不胜收。

上林白龙湖

灵水，其实是一个天然的泉水湖，湖面宽约5 000平方米，水深2～3米，湖内从不同地方有九股清泉涌出，故又被称为“九龙喷水”“龙津吐碧”等。据史载，灵水自隋唐以来，就是避暑驱寒的胜地，许多文人墨客纷至沓来，并留下诗章。如明代邓炳游过灵水之后，赋诗道：“簿书劳倦几搔头，策马城西瞰碧流。一味香甘清肺腑，四周幽静豁心眸……”另有人诗云：“千年地脉开灵犀，万里天池遇赏音。”明代邑令郑学醇亲手题下“灵源”二字。东岸石壁还有古刻草书

“龙津吐碧”。这些古文古字，令灵水平添了几分文气与厚重。

古泉

灵水不只是一个泉湖，湖内还有奇形怪状的巨石，而且每块石头都有称谓，各有来头。湖的北面有一块巨石，形似螃蟹，故称螃蟹山，传说是玉皇派来守护灵水的螃蟹精。不过，如今的螃蟹山已成了人们游泳时的绝佳跳水台。水中还有一块相叠九层的大石头，俗称“九层皮”。据说是有九条龙飞来这里戏水，浴后蜕下鳞皮飞回天去，把鳞皮留在了这里。

灵水从来就是武鸣甚至南宁周边的一处游览胜地，由于得到较好的保护，如今四周树林葱茏，古树婆娑。踏着石块小径游走湖畔，秀水美景尽收眼底，水中鱼虾可数，水草飘逸，湖面时有泳者来回穿梭戏水。湖水流出出口不远，便汇入武鸣河，最终注入邕江。

明人高濂对“灵水”有自己的解说：“灵，神也，天一生水而精明不淆，故上天自降之泽实灵水也。”他认为，只有从天上生出的水才是精明而不混浊的，所以天降之水是神水，才是灵水。

鹅泉

靖西有鹅泉，鹅泉在壮乡。鹅泉不仅是泉，而且还与鹅有关。它的得名还与一个传说有关。

相传古时候，泉边有个叫念安的村子，住有一个杨姓老妪，孤苦伶仃。一天她在赶圩路上捡得两只鹅蛋回来，便把鹅蛋焐在怀里，刚回到家中，一双小鹅就破壳而出。杨老太自然高兴万分，在她悉心照料之下，小鹅日渐长大。一日，两只小鹅正在池塘中嬉戏，忽然雷声大作，天昏地暗，原先还是水汪汪的池塘顷刻间变成了深坑，两只小鹅被吸了下去。不一会儿，这个深坑变成了一眼泉，突突地冒出水来。杨老太得知消息，竟抑郁成疾，不久便去世了。

村人们张罗着为杨老太治丧，不料出殡之时，棺材竟然不翼而飞了。原来，是龙王的两个王子接她入宫去了，那两个王子就是那两只鹅蛋孵出的鹅仔。后来，人们在泉中小岛上建了一座庙，以纪念这位养鹅造泉的老人，取名杨媪庙。据说，自明代靖西设归顺土州以来，每年农历三月三这天，所有文武官员和平民百姓都到泉边拜祭，以祈来年丰收。人们争相把五色糯米饭撒入泉中，群鲤竞相游来争食，激起朵朵浪花。于是，民间又有“鹅泉跃鲤三层浪”之说。

根据史载，鹅泉形成的历史并不太长，至今只有700多年。由于“鹅泉跃鲤”的胜景被列为当时归顺八景之一，当朝皇帝听闻遥远的南疆边陲有此一景，便欣然命笔“灵泉晚照”，并赐刻于石上，使鹅泉增添了光彩。

靖西鹅泉

靖西风光——鹅泉

鹅泉的第一美景是“鹅泉跃鲤”。鹅泉面积约30余亩，潭水深不见底。据说潭水分为三层，第一层深有13.3米，第二层深20米，第三层深不见底，下通暗河，因而盛产鲤鱼和青竹鱼等多种鱼类。

鹅泉第二景是杨媪庙。该庙位于鹅泉中央的小岛上，坐南朝北。原来庙中有杨媪塑像，后来又增加了龙王的塑像，故称为龙王庙。杨媪庙虽不高不大，但曾经香火旺盛，至今仍不时有香客入庙进香，鞠躬许愿。

“鹅”字碑是鹅泉的招牌。高约2米、宽1米见方的石碑上，不知何人何时留下了一个独笔狂草的大“鹅”字，用笔苍劲有力，山灵水动。“鹅”字碑的旁边有对联一副“一方咸赖鹅泉泽，灌润邻疆并外帮”。字是好字，联也是好联，可就是不知何人何时所作，许是这些贤人先辈在面对“灵泉”时，缺少几分自信的缘故吧。

鹅泉中有古桥，此桥建于清代。有15个石拱，长约60米，宽1.5米，全用当地石料精雕细琢砌成。长桥卧泉，自有一番景象。桥搭水中，水面映桥。鹅泉边上，还有念安古屯、三泉映月、睡美人、鸳鸯树、叫喊岩、鹅仙塑像等景物。其实，这些美景只是边陲壮乡美丽田园画卷的一角而已。

怪泉

壮乡的泉虽都称泉，却各有各的形态。凌云的水源洞，就是以自己独特的姿态出众的。

水源洞是一个集巨大溶洞、大水量泉眼于一身的洞穴，故名水源洞。说其洞大，大到占地面积达22 000余平方米，长约1500米，最宽处31米，最高处为20.8米。难怪在离地25米处的洞口上方，有人留下“第一洞天”的石刻。

水源洞是泗水河的源头。此泉涌出之水流入泗水河后，并入澄碧河，注入澄碧湖，汇入右江，是名副其实的源之泉。

面对如此宽阔的溶洞，面对巨大而奔涌不息的清泉，面对千姿百态的钟乳石、石柱、石幔、石笋，谁到了这里都会情不自禁地才情喷涌，是诗人的总免不了要吟诗作赋，会写字的总要蘸笔泼墨一番。天长日久，水源洞便留下了历代到此一游的名人骚客

红叶清波

清乾隆四十三年(1778)左江观察使王玉德题字“第一洞天”

许多诗词和石刻。

离开凌云县城，沿着清澈见底的泗水河寻水而上，约一公里，就到了百花山下。这原本滔滔流水忽然在一片葱绿中消失得无影无踪。穿过树林，迎面竟有一个巨大的洞口，仿佛张开的大嘴，在向人们招呼。抬头看，首先进入视野的是洞额上“第一洞天”的石刻，这是清乾隆四十三年（1778）左江观察使王玉德题的字。从落款署名上人们知道，这位官员当时已是年届八十的老人，自称“楚南八十老人刘璜”。此翁在洞中还留下了一个高1.7米、宽1.2米的“佛”字石刻。水源洞有洞门，门上有长联，此联则出自清末民初阳朔名士黎中伟之手。上联“故乡山水夙称奇，到此更入佳境”；下联“天下名区将览遍，于斯别有会心”。一个阳朔人，即使家乡风景如画，到了水源洞，仍不吝笔墨赞美一番，足见水源洞的景色多么迷人了。

在平果县城西边右江北岸的虾山脚下，有一眼泉，离江很近，泉水从洞中涌出不远就注入右江。农历三四月间，每到深夜，便有无数河虾聚集在泉流与江水的汇合处，争先恐后地沿着水流游向泉口。一些虾被泉水冲下来后，又再次往上冲击，直到冲进泉水洞里。大量河虾这种争相进入泉洞的场面，令人叹为观止。这眼泉，也因此被称为“虾泉”，因而成为中国的“怪泉”之一。

类似虾泉的地方平果还有一处，这就是没六鱼洞。这个洞位于平果县城东南部，洞内也有一眼深泉，深约5米，从洞里流出约60米后注入右江。没六鱼洞，因出产没六鱼而得名。据说这种鱼最大体重没有超过六两，学名叫岩鲮，常年生长在地下河中，以体肥骨小、肉质细嫩、味道鲜美而远近扬名。像没六鱼洞这样形成鱼的洞泉，在巴马、凤山、乐业的一些河流中也有存在，只是名气没有没六鱼洞那么大罢了。

在上思县海拔800米高的凤凰山下，有一眼泉水如乳汁，终年不涸。若投硬币，也不沉没。用泉水泡菜，能保鲜数日。用泉水浸泡鱼肉，数天后仍保持味道鲜美。

没六鱼洞洞口

壮乡的怪泉，还有德保县马隘乡贤李村的“喊泉”，这泉在一座石山脚下。要是有人站在泉口大声呼喊，泉水就应声而出。不一会儿，泉水便又自行停止涌出。在东兰县隘洞乡板开村下开屯，有一处山泉，每日都有规律地自行喷涌3次，被誉为“神秘泉”。在马山县白山镇上龙村下兑里屯，有一口三潮泉，300多年前就喷涌至今。这口泉水每天定时喷出泉水3次，泉水冒出时水面会比平时高出2米。正是依靠这喷出的泉水，几百年来，李氏家族的后人们便在这片山区中生存繁衍，至今村里已居住着800多名村民。

象州温泉，因靠近濮水，曾称濮水名泉、花池温泉，为旧时象州八景之一。象州温泉出自一片丘陵中，数十眼泉分布在田野和山脚中。冬春季节，由于温差的作用，整个温泉区域整日水汽蒸腾，白雾袅袅，与古朴的村落和山野相映成趣，形成了一幅巨大而优美的壮家田园山水风情画。

青山、热汤、田园、人家、涌泉、溪流、游客……这是一幅多么和谐、融洽的画面。

世外桃源——坝美

坝美寨位于云南广南县北部坝美镇，寨子四面环山，与世隔绝，处于封闭半闭状态，因而被誉为“世外桃源”。

由于旧时不通公路，人们进出寨子主要靠村前村后两个天然的石灰熔岩水洞走水路。要靠摸着岩壁蹚水，或撑竹筏，划独木舟，坐小船，经过数百米长的幽暗的水洞才能进出。

坝美村是一个典型的壮族寨子。据说两三百年前，村民里的

云南广南县坝美镇坝美村

黄姓、黎姓汉族先祖为躲避战乱，从广东湖广府一带历经艰险跋涉，来到这一片与世隔绝的乐土。他们在这里开荒垦殖，辛勤耕耘，逐渐繁衍，并与原本就住在坝美的十几户壮族和山外的其他壮族通婚，渐渐都演变成了壮族，一代一代过上了自给自足、和谐安平的生活。

寨子古老而纯美，高大的榕树枝繁叶茂，巨大的树根盘根错节裸露在地面上，一层层依山而建的干栏楼里居住着百余户壮族人家，他们大多属村中的土著居民沙支系。进到寨子里，随处可见扎着帕角、穿着黑蓝色裙、脚蹬绣花鞋的女人在自制的人工石磨前推磨，在古老的木制纺织机前纺线、织布，在用众山采来的蓝靛叶染后做成的土布上绣花，男人们则肩扛着柴火，小孩和老人担着竹水桶去泉眼里挑水来蓄在自制的石缸里。

坝美寨至今还保留着富有浓厚的壮族传统文化异彩的民俗活动，寨里每年都按时节举行祭龙、祭祖、围鱼、对歌、龙垭歪、花糯米饭节、斗鸡、泼仙波、耍狮子、踢叶子球、踢毽子等活动；婚丧嫁娶按风俗礼仪规定严格进行，至今保存坐家、吹树叶谈情说爱、舂糍粑定亲、走着出嫁、送葬要献白、用筒钱杆等；传统节日依时举行，如过七月十四祭牙汪、三月三赶歌诗等。

坝美寨上山歌有创世歌、历史歌、情歌、劳作歌等，戏剧舞蹈有沙戏、古兵器舞等，有各种神话传说、山川风物传说、依智高起义传说流传。

坝美的房屋以落地和半地楼居两种干栏式风格为主，主屋用木板架成，四周用树枝围拢，再敷上泥巴、牛粪拌和成的黏土，非常通风、保暖，上盖瓦顶、抱厢、前置凉吧或围栏，楼上住人，楼下关牲畜、堆杂物，当地壮族称麻栏楼，也有人称吊脚楼。

坝美的村民的食物、衣物、生产工具、生活用具至今基本上是自己生产，寨子中随处可见转动的水车、独木舟、人工石磨、水磨、木碓、水纺织机、木榨油机、独木风箱、木犁耙、木背柴架、木梯、木菜板、木灯架、木三角独轮推柴车、木水桶、葫芦酒壶、木储物器、石缸、石碴等生产生活工具。既是稻作文化的产物，又是壮族历史文化的见证。

云南广南县坝美镇坝美村

坝美村民们穿的服饰，都是手工土布制成，从种植棉花，纺线，织布，漂染，制衣，绣花全过程，都是以家庭为单位手工完成的。妇女的盛装为黑底花格帕角包头，黑、蓝、紫色圆领，窄袖、窄腰、左斜襟鸟翅形圆摆衣，黑色百褶和长裤，脚穿绣花布鞋；便装为黑头帕、花头巾，青、蓝、黑、白色圆领，宽袖、宽腰、左斜襟圆摆衣，黑色长裤，绣花布鞋；男装为黑色包头帕，黑色对襟衣、宽裆裤。鸟形衣装与古代壮族先民鸟崇拜有关。

千

第四章
骆越遗风
美丽壮锦

壮族是十分重视过年过节的一个民族。在一些壮族地区，人们几乎每个月都有自己的节庆。壮族比较喜爱的民居建筑之一干栏式建筑，最早发现于距今7000年前的河姆渡文化，主要分布在桂北、桂西北、桂中和桂西的部分地区。壮锦是壮族文化艺术精华的一部分，被称为壮民族文化记忆的“活化石”，已有2 000多年的历史，因其花纹图案别致、色彩斑斓、坚固耐用，具有浓厚的民族特色而驰名中外。

烟熏的年节

壮族的节日按隆重程度排列，一年中最重要的节庆是春节，其次是七月十四鬼节、三月三、小年、清明节和八月十五中秋节。此外，还有蚂蜗节、牛魂节、端午节、莫一大王节、重阳节、尝新节、冬至节、送灶节等等。

春节

壮族人的春节概念是从每年的腊月开始的。进入腊月，人们就开始围绕春节进行各种筹备活动，比如着手准备榨油、榨糖、加工爆米花的糯米、采撷粽子叶等。到了腊月二十三，过完送灶节后，准备工作就进入了最后的也是最紧张的阶段。

黑粽

过春节前一般准备工作程序是，腊月二十四五酿酒，二十六七宰杀年猪，二十八九包粽子，二十九做糍粑，年三十祭祖、吃年饭。

除夕是壮家最繁忙的一天，几乎是男女老少全家总动员，有的大扫除、有的备香炉、有的写春联、有的杀鸡宰鸭、有的忙于供祭祖宗为孩子们招魂。到了傍晚，才可以全家欢聚一堂，开始吃一年中最隆重的一顿饭。

除夕晚上的晚餐被称为年饭。在丰盛的菜肴中，不仅有猪、鸡、鸭、蛋等常见的肉类，而且鱼是必不可少的一道菜，意味着年年有余。吃过年饭，家家户户要趁着夜晚把水缸装满，预示来年丰衣足食。在楼梯、门窗、秤杆、犁耙、碓子等家用农具上贴红纸片，还要贴上对联、门神，预示大吉大利。有的地方，还要一次性煮够第二天年初一全天的饭菜，称为“压年饭”，祈愿来年五谷丰登，饭吃不完。

杀猪——制作壮族辣椒骨

除夕晚上，人们通常要通宵守岁，保持香火不断。除夕之夜，有的地方还有半夜燃放鞭炮的习惯，意在辞旧迎新和抢新年头彩头运。有的地方，大年初一早上谁家起来先开门烧炮，就预示着最先接到财运好运。烧完炮，小孩要给长辈拜年，说些“新年好”、“恭喜发财”、“健康长寿”之类的吉祥吉利话语，长辈则用红线串钱或用红纸包钱，赏给晚辈作为压岁钱。

辣椒粉和碎骨相拌——壮族辣椒骨

大年初一，妇女和孩子们一起床就梳洗打扮，迎接新春的开始。居住在山里的壮族人，还有挑“新水”的习俗，初一那天，姑娘们穿着新衣新鞋，提上一炷香，争相来到河边水井，抢挑“新水”回家。谁先挑到“新水”，谁就挑到了吉利。有的地方女人们还从河边拖着象征牛、马、猪、羊、狗、猫的石头，嘴里模仿着六畜的叫声，祝福来年“六畜兴旺”。挑回来的“新水”，加入红糖、竹叶、葱花、生姜煮沸后，让全家人和来访的客人喝。据说，喝了这种新水，来年人们会更加聪明漂亮。

大年初一的禁忌很多，各地多有不同。比如，全家人整天不

▲

百鼓齐鸣

准拿扫帚扫地，据说扫地会把刚接到的财神好运扫出大门。这一天，大人小孩都不准讲粗话和不吉利的话，更不准提到“鬼”或“死”字。大人不能打骂小孩。除了自己亲戚家，孩子不到别人家去串门。不准杀生，不接触生鲜之物，尤其不能吃甘蔗，怕来年蚂蚁进家。不准用嘴巴或风筒吹火，怕来年招引大风，不准动用农具和大型家具，不准别人打招呼不答应等等。

有的地方，一旦大年三十门口贴上利市纸以后，春节这几天内讨债人便不能上门讨债，欠债人可以安心过年。大年初一早上，一些地方家家户户都摆上酒菜，慢吃慢饮，全天不收桌拾碗，一直吃到晚上，称为吃流水席。

知识链接　壮族农历正月各地年俗

舞龙舞狮拜年是壮族的年俗。在宜州、忻城一带，年前人们就开始凑钱扎纸龙裱狮子，制作各种鱼、虾、螃蟹彩灯。初一早上把龙扛到河边“喝”水开光，然后开始四处拜年。田阳和南宁周边的壮族都有舞狮队，一开年就到各家各户拜年贺春，主人则燃炮欢迎，并赏给红包意思一下。

春节期间，在红水河畔的壮区还会开展丰富多彩的唱“欢”(唱山歌)、跳舞、演壮戏等文化娱乐活动。比如，春堂舞是壮族跳来庆贺新年、预祝丰收的舞蹈。人们认为跳了春堂舞，来年会五谷丰登六畜兴旺，故有“正月春堂闹哄哄，一年四季乐疯疯”的谚语。

初二早上，已婚的妇女要杀鸡鸭设席祭拜孩子的外婆，感谢母亲的养育之恩。那些拜师学艺的人也在这天祭拜师傅。从初二开始，人们开始走亲访友，相互拜年。有起新房或刚娶媳妇生孩子的亲戚，则要接受亲友的贺礼。

壮族高空舞狮

正月末是壮族的小年，人们照例要休息一两天，小小热闹一番。通常是杀鸡鸭祭拜祖宗，给祖宗牌位烧香，然后炖好一两只腊猪脚，宴请亲朋好友。

蚂㧓节

百色、东兰、巴马及凤山一带的壮族，在农历正月期间，要过一个与图腾、农事活动有关的“蚂㧓节”，蚂㧓是壮族对青蛙的称谓。

虽然，许多在人类蒙昧时期产生的古俗已逐渐被社会的发展演变所淹没，但一些奇异的习俗却在壮族人的生活中延续下来，祭祀蚂㧓的习俗便是其中之一。壮族传说认为掌管风雨的是青蛙女神，并把青蛙称为蚂㧓。广西红水河沿岸的天峨、东兰等地壮

壮族蚂㧓节

天峨县纳洞壮族蚂蜗节

族村寨通过祭祀蚂蜗，祈求年年风调雨顺，岁岁稻作丰登，四季人畜兴旺。蚂蜗节一般从大年初一起至二月初二结束，主要内容有找蚂蜗、祭蚂蜗、孝蚂蜗和葬蚂蜗等。

蚂蜗节共分三个阶段：第一阶段是找蚂蜗，第二阶段孝蚂蜗，第三阶段葬蚂蜗。“蚂蜗节”活动一般在村边举行。每当农历正月初一黎明，人们就敲着铜鼓成群结队去田里找冬眠的青蛙。据说，先找到青蛙的人是幸运的，被誉为雷王的女婿“蚂蜗郎”，成为该年蚂蜗的首领（王）。

天峨县纳洞壮族蚂蜗节

人们把这只青蛙放入花轿中，抬着青蛙游村，向每家每户贺喜。人们头戴各种面具相互嬉戏祝福。在“蚂蜗郎”的带领下，一群青年模仿青蛙跳跃。在一面“蚂蜗”旗下，壮族人敲响了有上千年历史的铜鼓。女人跳起了插秧舞。戴面具表演蒙昧时代的先祖，再现牛耕田时淘气让主人摔倒的诙谐农耕场面。表演背小孩做工的情景、纺纱织布的动作、“老鹰抓小鸡”的游戏。

花朝节

二月初二，是广西宁明、龙州一带壮族的传统节日花朝节。这天是纪念百花仙子的节日，传说她于这天诞生。百花仙子尤其喜欢长得挺拔粗壮的木棉树，每到春天总是满树红花，鲜艳如火。花朝节一般选择在有高大木棉树的地方过。每到这个日子，男女青年们便不约而同地从四面八方赶来，聚在木棉树下。他们穿着民族盛装，带着五色糯饭、糍粑或粽子等食品，带上为情人而备的头巾、布鞋、绣球等礼物。在木棉花的映衬下，人们三五成群，或对唱山歌，或赞美百花仙子，或打情骂俏，或抛绣球，乐此不疲。

知识链接 **二月社** 农历二月初二是春社，俗称二月社。壮族传说中的社王是管五谷的，这天要集体祭拜社王和五谷神，祈求保佑家家户户全年风调雨顺、粮食丰收。有的地域，各村寨都设有社王庙，一般设在大树脚下，庙不大，内有社王塑像和香火台供人们烧香祭拜。

▲

壮族五色花糯饭

三月三

“三月三”是壮族一个十分隆重的传统节日。每年农历三月初三这一天，是西南部壮族进行上坟扫墓的日子，同时也是北部壮族赶风流歌圩“唱欢”的日子。不过，无论是南壮北壮，每到这天，壮家人都从山坡上采回嫩绿的枫叶、红兰草、黄饭花、嫩稔米果等，选用上好的糯米，精心泡制成红、黄、蓝、紫、白五色的米饭。此外，人们还会在门楣上和房屋周围插上一枝枝枫

◀

正在制作五色花糯饭的壮族妇女

隆林南盘江壮族三月三歌会

树叶。然后在村头寨边搭起棚子，摆上五色花糯饭等供品，然后男女老少围着棚子周围唱山歌，赶歌圩。

牛魂节

农历四月初八是牛魂节，又称脱轭节、牛王节和开秧节，流行在桂北龙胜和柳州、河池一带壮族山村。传说这天是牛王的诞辰，要给牛享受享受。主要活动是给牛放假，刷洗身子，然后放牧到水草丰美的地方。牛栏要打扫干净，铺上干爽的稻草。这天还不准使役，更不准鞭打，还要给牛唱山歌，蒸黑糯米饭或者煮黄豆粥喂牛。旧时有些寨子还建有牛王庙，过节这天，要举行祭祀，村民们在庙里聚餐。

对歌

知识链接

掷泥节 农历春夏之交，在西林、那坡、靖西县一带壮族民间，有一个风趣而特别的节日，这就是掷泥节。掷泥节没有固定的日子，通常在每年四月的插秧和耘田期间举行。

狗屁馍 五月初一，忻城、宜州、上林、马山民间喜欢吃狗屁馍。壮区山中有一种藤，触动时会散发出狗屁一样的气味，故称狗屁藤，用其叶子与糯米粉混合做出的馍粑却别有风味。当地人认为吃了这种馍粑可以除邪去蛊，于是流传。

端午节

每到端午节这天，在江边河旁居住的壮族都有赛龙舟的习俗。龙舟赛少的两三只，多则七八只，通常是一个村寨或一个家族组成一支队伍。赛龙舟前，要举行隆重的下水仪式，由寨老或族长供上猪头，燃上高香，下水前鼓手和舵手要接受净身洗礼。赛龙舟获胜者得到的奖品丰厚，有整头的猪或水牛和钱财。端午的龙舟赛既是壮乡的体育活动，又是娱乐活动。每到赛龙舟，往往两岸人山人海，观赏者众。此外，壮族民间还吃用芡茆草和竹叶包的三角凉粽，还喜欢在门上插枫叶，或挂苍卜，或喝雄黄酒，据说可辟邪消灾。

端午节传统赛龙舟

莫一大王节

莫一大王节，是壮族唯一以人的名字命名的节日。农历六月初二这天，柳江、龙江两岸的壮族人家，就把古代敢于反抗皇帝的壮族英雄莫一奉为祖先，在神龛上写有他的牌位，焚香供祭。而且每年为一小祭，六年一大祭。小祭是各家宰鸡杀鸭，燃香祭供。大祭就隆重了，一般要到莫一大王庙举行盛大的仪式，供品要用一头猪和一头牛。祭祀的方法也很特别，要用猪和牛的肉、骨头、肝、肠等不同部位做成十二道菜供拜，缺一不可。十二道菜也不能同时做，同时摆上神台，而是隔一会儿送一道，十二道菜上齐后，才可以焚纸行礼。祭祀完毕，将所有祭品分成一户一份，回家去吃。

六月六

六月六，吃大肉。一首壮族童谣这样说，其实六月六并不算得什么正式的节日，只是田里的稻谷抽穗扬花了，五谷瓜果也即将成熟收获。壮族人为了保护田里的劳动果实，各家各户便凑些饭菜，于这天到社坛或五谷庙前祭祀聚餐，商议保护庄稼的事宜。祭祀时，寨老族长以鸣火铳敲铜锣为号，各家户主便自带饭菜碗筷和酒到庙前，先祭拜后饱餐一顿。此外，还有“六月六晒衣服”的说法。据说，经过这一天晾晒的衣物不会发霉，不受虫蛀。

鬼节

农历七月十四，俗称鬼节或祭祖节，是壮族仅次于春节的大节，更是人们在家祭祀祖先的节日。

宾阳炮龙节

这天，传说中的“牙汪”要出殡了，所有的人家要宰杀鸡鸭，做“狗舌馍”和糍粑，烧香祭拜。出嫁的女儿和外出入赘上门的儿子，都要拿鸡拿鸭和香纸回来供祭，但不能在娘家留宿。据说七月初七是“牙汪”去世的日子，各家祖先的神灵鬼魂都回家接“牙汪”。从这一天起，天天在神台上烧香摆供，直到七月十四止。七月十四送“牙汪”和祖先出门时，鬼们都争相比靓，还比富比欢乐。

因此，人们都不惜买回各色纸品，做成五色纸剪鬼衣，用金银纸叠元宝做鬼钱，装入纸袋。每个祖先一个袋子并写上他们的名字，然后烧化。据说烧得越多阴间的鬼神得到的越多。故壮族民间有“三月扫墓，七月烧衣”的说法。

中秋节

农历八月十五中秋，是月亮最大最圆的日子。这一天，壮族人除了边赏月边祭供月亮吃柚子吃月饼之外，有的地方还举行隆重的巫事活动。圆月东升时，巫公巫婆便开始在院子里摆设巫台，烧香祭祀月亮上的“特多”。他们边唱边进行各种巫术，让观众一同体验巫的玄灵妙幻。中秋节这天，在有的地方，心灵手巧的壮族妇女还动手做绣球荷包，家家都做一种叫“猴子抱南瓜”的工艺品。八月十五，有的地方也有赶歌圩和放河灯的习俗。

尝新节

九月九日是壮族人的尝新节，在驮娘江一带，这一天主要是品尝新收获的糯米和成熟的麻鸭。此时节正值秋天，晚熟的大糯已收割完毕，人们将糯谷放进蒸笼里蒸熟，拿去晒干后，再拿到碓窝里脱壳，然后再次放入蒸笼里蒸至松软。这种制法的糯米饭香而不粘，松软可口。人们还把一些未曾熟透的糯谷拿来煮熟炒香，配上生的姜叶，再拿到碓窝里舂扁脱壳，这种吃法叫作吃扁米，只当小吃，味道清香特别。晚上的节目是舂糍粑做汤圆，通常要吃到半夜。过尝新节，除了做足糯米饭这个文章外，还要选择鸭帮里最肥的鸭子宰杀，与亲友共享。

壮族聚餐

进入十月，壮族的节庆渐少，比较大的节日有庆丰节、赶降节、冬至和送灶节等。庆丰节从十月初七开始至十二日不定，各家各户都杀鸡杀鸭、下河打鱼、做糯米饭，祭祀祖先诸神。

祭灶神

农历十二月二十三日，是壮族祭祀灶神的节日，也是一年中的最后一个节日，目的是送灶王上天去见玉帝。壮族人认为，灶王一年到头为农家司灶管火，既辛苦又龌龊。因此从腊月二十三起到次年正月初一，给灶王歇息七天，并摆上供品送行。饯行后，在灶口贴上对联一副："上天呈好事，下地降吉祥。"意思是请求灶王到天上见玉帝后多美言几句，祈求家庭丰衣足食，幸福安康。

永远的干栏

壮族世代栖居在温热潮湿的南方，光照强烈而又多雨，因此其居住方式往往既具有热带、亚热带的特色，又有自己浓重的民族特点。

说到壮族民居，许多人都一定会说到"干栏"。其实，由于壮族居住的地域相当宽广，区域内的环境差异很大，有平原、山

平安壮寨风光

地、丘陵的不同，也有石山、泥山和林地的异别，还有江边河岸、大道公路和偏僻远地、交通闭塞的差距。所以，不同地方、不同情况的壮族，其民居样式和居住方式也是有很大异别的。

壮家院门

农家院落

然而，把“干栏”作为壮族的主要标志性民居建筑，已经得到了专家学者的一致认同，也得到了壮族族人的喜爱。在壮区，干栏式建筑主要分布在桂北、桂西北、桂中和桂西的部分地区，是壮族比较喜爱的民居建筑之一。

知识链接 **“干栏”** 得名于壮语，“干”是上面之意，“栏”是房屋，干栏即为有上下层的房屋。干栏俗称高架屋，还有木楼、吊脚楼、干阑、高栏、阁栏、麻栏等称谓。

来源

干栏式建筑最早发现于距今7 000年前的河姆渡文化，河姆渡两次考古发掘，都发现了大量的干栏式建筑遗址。河姆渡木结构建筑的特征，是以桩木为基础，在其上架设大小梁，承托地板，构成架空的建筑基座，然后又在基座上立柱架梁起屋。这种木结构建筑，被认为是我国迄今所发现的最早的干栏式建筑。

到了夏、商、周时期，干栏式建筑已经开始出现在今天的广东、广西、云南、四川、湖南等广大区域。在这些地区出土的大量汉代陶器和青铜器中，干栏式建筑的模型和图像比比皆是，可见当时这种建筑流传之广和影响之大。后来，干栏式建筑又流传到了日本、菲律宾及我国的台湾等地。可是到了现当代，仍然居住在干栏式建筑里的民族，却只有壮族和西南地区为数不多的几

▲

保存完好的龙胜壮寨建筑群

▲

凌云壮族古寨石条小巷

个少数民族了。

有一种说法，认为干栏是从巢居演变而来的。

先秦人韩非子说，“上古之世，人民少而禽兽众，人民不胜禽兽虫蛇。有圣人作，构木为巢，以避群害，而民悦之，使王天下，号之曰有巢氏。”宋人周去非在《岭外代答》中也说，“考其所以然，盖地多虎狼，不如是，则人畜皆不得安。”壮族祖先古越人生活的骆越、西瓯地区，森林密布，地广人稀，毒蛇猛兽众多，时常伤及人畜。所以，人们只好“构木为巢，以避其害”，纷纷修建“干栏”，保护人畜，这也不失为一种高明的创造。

构造

壮族干栏式民居一般为一幢三间，或一幢五间，也有一幢九间的，主要视家境富裕情况而定，其次看家庭成员多寡而定。干栏多为三层，上层用于置放粮食和一些贵重而又容易受潮的物品，比如铜鼓、谷种、工具、腊肉、干货等。中层主要住人，大门正中央是堂屋，相当于客厅，接着是一面木板墙壁，供有神龛和天、地、君、亲、师之位，墙后是主人卧室，两边厢房有一边住人，另一边置有火塘和厨房，是一家人的生活区。下层多用于

▲

凌云壮族古寨龙洞全貌

圈放牛马等大型牲畜或放置杂物农具，也有将鸡鸭和猪圈养于此的，但因为臭气和嘈杂，一般都另起居所。龙胜龙脊一带壮族的干栏，侧重以神龛为中心，后面是家中男主人的卧室，左角是女主人住房，有小门与男主人卧房相通。如孩子长大成婚，则住在右厢房外侧，媳妇住在右厢房内侧。这种布局体现了夫妻异室的特点，沿袭了古俗。

干栏民居一般从房子的中间正门处进入，也有一间一门的。从地面和房屋之间搭有一座楼梯，或用石条石块等石料砌成，或用厚木板制作，因地施材。干栏除了主体建筑之外，往往还在跟二层齐平或略高处的屋角搭建晒台，是晾晒谷物或纳凉的好地方。

各地形态

壮区地域跨度大，往往东西南北中都建有不同的干栏。

桂北和桂西北山地，山林茂密，木材资源丰富，民居一般都为全木结构吊脚式干栏。这种干栏的特点是用料考究，设计精巧，工艺要求高。

◀

壮族传统住房建筑——吊脚楼

壮族老宅

尤其是对柱子的选材更是严格，一般要求木质要好，笔直而粗硕，没有裂口和虫蛀，能经得百年以上的承重。全木结构的干栏除了柱子之外，楼面和墙壁均有厚木板，只有屋顶上的瓦片不是木材。由于耗用木料太多，随着时代的进步，这种全木结构建筑已经逐渐淡出人们的视野，取而代之的将是经过改良的各式干栏。除了全木结构干栏外，石木结构、砖木结构、土木结构的干栏式建筑各地也屡见不鲜。

壮族地区多为喀斯特地貌，大量石灰石岩质的分布也便于人们能够就地取材，将岩石打成条块状，用于砌墙和柱子。这种石木结构干栏的特点是充分利用石头的可塑性，使房屋的结构变得更为美观、牢固。在远离石山的地方，民居多为土木结构或砖木结构。人们用砖头建好屋基，将拌好的黏土放入墙桶夯实，垒成墙壁，屋内则用木柱子或者砖柱子撑起屋架，在屋顶盖上瓦，干栏就建成了。

居住干栏，其实是居住在祖先创造的文化中。干栏能够沿袭至今，历代不衰，说明这种建筑不仅是一种民居，更是一种文化。

织布而衣

壮族支系繁杂，其服饰也多种多样。如果把所有的壮族服饰一起展示，会是一道绚丽多彩的图景。

壮族学者梁庭望在他的《壮族文化概论》中，将整个大壮区的文化划分为9个具体的文化区，即红水河中下游文化区，柳江、龙江文化区，桂西北文化区，桂粤文化区，邕南文化区，邕江、右江文化区，左江文化区，桂边文化区和云南文山文化区。他认为，通过这样的划分，能够比较全面地考察、分析各个地域的文化特色。梁庭望还认为，对壮族服饰文化的考察、发掘、收集、研究与展示，同样可以用地理概念来进行。此外，还有另一种分法，是以江河流域来划分，如红水河流域，左江、右江流域，柳江、郁江流域等等。

《壮族文化概论》书影

溯源

“耕田而食，织布而衣”，是人类的一种自然本能。自从人们发现了纤维，又学会了编织和剪裁，服饰便开始出现了。

壮族服饰的历史和壮族的历史一样悠长。在桂林甑皮岩发掘的新石器遗物中，就有若干件骨锥。专家们推断，那是岭南壮族先民用来缝制兽皮或缝制原始蔽体物的工具。这说明，早期壮人的祖先已有了掩遮身体的原生态服饰，这应该是壮族服饰的鼻祖。

到了骆越、西瓯时代，壮族人便有了自己独特的服饰文化。贵港罗泊湾汉墓出土的黑地橘红色回纹锦残片，说明当时就有了

云南壮族搭头土僚服饰

壮族（沙梨、委乐、扁牙）“三层楼”服饰

壮锦这种饰物。此外，汉墓中还有一种叫“峒布”的麻织品及蚕丝品出土。这些文物说明，远在秦汉时代，古越人就流行种麻养蚕，为制作服饰提供了上好的原材料。从已知的历史记载和文物证明，古代广西地区在三国时代就有了竹疏布，隋唐时代又有蕉葛布、细白麻布、筒中布等织物，当时均作为贡品进贡给朝廷。到了元代，古壮民就又开始种植棉花，织吉贝布。进入明清时期，壮锦等饰品品种繁多，达到了较高的工艺水平，生产和编织水平也达到了高峰。

云南壮族尖头土僚服饰

知识链接 壮族服饰来源于古代相当繁盛的纺织业，已知的品种有壮布、斑布、柳布、象布、綀子、水绸和壮锦等。在壮族家庭中，妇女担当了制作全家老少穿戴铺盖的任务。妇女们用一双双巧手把棉花纺织成了布匹和衣服，在壮乡，几乎每个妇女都具有这种能力。她们从地里收获棉朵，用离籽机除掉棉籽，将棉花送进弹棉机，把弹松的棉絮滚成棉条，再用纺机把棉絮捻成棉纱，然后再一线一丝的织成棉布，经过染色、碾轧、抛光等环节，再经过剪裁、缝制，一件衣服才算完成。

天峨县三堡乡壮族

从汉到唐宋，从明清直至近现代，壮族服饰随着社会经济文化的发展而不断进化。其服饰主要包括两大部分：一是服装，包括衣、裤、裙、帽、头帕、围巾、手套、腰带、鞋、袜、绑腿等；二是装饰品，包括发型、首饰、背包、背袋，甚至漆齿、文臂、文身等。明末清初学者顾炎武在《天下郡国利病书》描述：“壮人花衣短裙，男子着短衫，名曰黎桶，腰前后两幅掩不及膝，妇女也着黎桶，下围花幔。”其实，顾炎武当时所称“壮族男女穿黎桶，服装款式以蓝黑色衣裙、衣裤式短装为主”，也可能只是壮族的一个分支，窥豹一斑而已。

隆林县介廷乡壮族服饰

文化

由于居住地域宽广而分散，加上受中原文化和其他少数民族文化的影响，壮族的服饰文化也是多彩多姿的。早在公元前3世纪，古越人就和当时中原、西南少数民族有了较为密切的交往，从中互相学习，取长补短。古代壮族妇女很早就擅长纺织和刺绣，所织的壮布和壮锦，均以图案精美和色彩艳丽著称，其风格别致的“蜡染”也是独树一帜。壮民还特别喜欢在鞋、帽、胸兜上，用五色丝线绣上花纹、人物、鸟兽、花卉，形式五花八门，色彩斑斓。

南丹罗富壮族服饰

云南鸡街壮族仰侬服饰

分类

悠久的历史使壮族服饰形成了自

己民族独特的分类方式。若以性别分类，可分男服饰、女服饰。若以年龄分类，可分为老年、中年、青年、幼年服饰。若以身份分类，则可分为村老、师公、麽公、道公服饰。若以礼仪分类，可分平时装与节日装等等。

特色

▲

龙州县下冻镇扶伦村布吕屯壮族服饰

现在的壮乡，至今仍然保持传统服饰特色的地方，有桂西北、桂西、桂北、滇东南的一些边缘地带，比如西林、隆林、田林、百色、凌云、乐业、那坡、靖西、龙州、龙胜以及东兰、巴马、凤山，广南、富宁等县，这些地方的壮族服饰以蓝、黑、白三色为主色。

在西林和靖西的一些村寨，至今仍有妇女穿着低领斜右襟的宽大衣服，配以宽松的摆裤，俗称为“海军装”。

龙州金龙一带布代男女服饰，以黑色为主色调，妇女穿衣、

龙州县金龙镇板池村壮族服饰 ▶

裤，外套黑色长裙，头戴黑巾，穿黑布鞋，从头到脚，均为黑色，加之人的肤色洁白纯净，形成鲜明的黑白对比反差。

大新县板价村的妇女服饰，穿戴短衣、长裤裙，浅线花头巾、花鞋，配以金牙、银手镯等装饰，尽显骆越的古朴遗风。桂北的龙胜壮族服饰，妇女戴花头巾，上衣是无领开胸衣，两只扣子，宽大滚花裤，脚穿布鞋。姑娘的夏装也是一道美丽的风景，上衣是洁白的，选用上乘细棉布制成。平领、对襟、中袖。中襟结有两颗别致素净的手工布扣，袖筒中腰及袖口缀着“花栏杆”，内胸套褂红底细花胸围。下身是青色宽筒便裤，裤筒中腰亦镶上两道各宽33厘米左右的底绣花边。裤筒的设计既方便劳动，又具民族特色。

那坡、西林等地的壮族妇女佩饰较多，其中耳环、耳坠、玉珠、项链、项圈、手镯、戒指都是必不可少的。有些地方，壮族女子的佩饰中最漂亮的是头花，妇女在成年后要绾髻，插上班簪、头笼、头叉、头花后，再用玉环珠缠绕头花。头花一般有六朵，未婚女青年或已婚但未落夫家者才可以戴，已落夫家的妇女只戴头叉。

▲

大新县三联乡三联村中屯壮族服饰

美丽壮锦

中国有四大名锦：蜀锦、云锦、宋锦和壮锦。壮锦是壮族文化艺术精华的一部分，被称为壮民族文化记忆的“活化石”，已有两千多年的历史。

溯源

贵港罗泊湾汉墓出土的黑地橘红回纹锦残片，被认为是迄今发现最早的壮锦。史载，宋代出品的“白质方纹，佳丽厚重”那种布，其实也就是早期的壮锦。北宋元丰年间，吕大防在四川设

广西龙州县金龙镇板送村壮锦

蜀锦院，所产的四种锦中，就有所谓广西锦，为当时的时尚礼品之一。

《桂海虞衡志》记载，壮锦当时出产于广西左、右江，称为“緂布”，其质“如中国线罗，上有偏地小方胜纹”。壮锦在明代到了极盛，不仅成了流行的礼品，而且工艺也达到了高峰。明代万历年间，织有龙、凤等花纹图案的壮锦已成为朝廷的贡品。清代《粤西琐记》中说：“壮妇手艺颇工，染丝织锦五彩烂然……凡贵官富商，莫不争购之。”

关于壮锦有一个传说：

宋代时有一名叫达尼的壮族姑娘，看到蜘蛛网上的露珠在阳光照耀下交织着奇异的图案和色彩，这一发现让她兴奋不已。她从中得到了启发，便用原色细纱为经，以五光十色的丝线为纬，精心纺织成了瑰丽的壮锦。

由于壮锦的流行和价值，壮族妇女都纷纷学织壮锦，编织壮锦已成为壮族妇女必不可少的“女红”，壮锦更是嫁妆中不可或缺的物品。

广西宾阳壮锦

花式

壮锦是一种用棉或麻的股纱做经线，五彩色线或缕丝做纬线，采用通经断纬交织而成的织物。在千百年的演变中，壮锦经历了颜色从单色到多色，图案花纹也从简单到繁缛的变化。

归结起来，壮锦的图案构成和式样共有三种：

第一种是平纹上织二方连续和四方连续的几何纹，组成连绵的几

壮锦制作

广西壮锦

广西龙州县金龙镇板送村壮锦

广西龙州县金龙镇板池村壮锦图案

何图案。第二种是以各种几何纹为底，上饰动植物图案，形成多层次的复合图形，图案清晰而有浮雕感。第三种是用多种几何纹大小组合，相互穿插，编织成繁密而富于韵律感的复合几何图案，具有严谨与和谐之美。

传统的壮锦既有各种几何图案，又有多种图腾和花纹。常见的有蝶恋花、狮子戏球、凤穿牡丹、跃马向前等20多种。其中凤的图案在壮锦中表现最多，故有“十件壮锦九件凤，活似凤从锦中出”之说。体现了壮族对凤凰这种吉祥之物的特别喜爱。

20世纪50年代至今，各级政府为了扶持壮锦编织行业的发展，分别在宾阳、忻城、靖西、德保等地设立壮锦厂。与此同时，民间编织壮锦也从未间断，创新的品种也愈来愈多，有床毯、被面、背带、手袋、挂包、围裙、台布、头巾甚至手机袋等。

奇异的婚恋

男大当婚，女大当嫁，这是人类共同的天性。然而，所谓十里不同风，百里不同俗。壮族居住地广阔分散，不同的地方、不同的文化区，其恋爱婚姻的风俗自然也是各有异同。

壮族青年男女，终身大事主要有父母包办、自由恋爱、媒妁介绍三种状况。他们当中，有相当一部分可以通过自由恋爱喜结良缘，另一部分则要靠媒人的帮助谈婚论嫁。许多人即使是自己找的对象、谈的恋爱，最终也要通过“合八字”或媒人来谈婚论嫁。

媒人说婚

在壮族地区，媒人说婚，通常要进行若干次。第一次去女家，若女方父母有意，则以便饭招待。如果是一厢情愿，那就不再登门。若双方有意，往返三五次后，就可议定亲事，并以“合八字”订婚。订婚礼品通常要有银饰，有若干笼鸡鸭、若干担糍粑，让女方分送给亲戚，举行婚礼时也是如此。龙胜龙脊一带的壮族在男女订亲时，并不讲究彩礼，认为男婚女嫁是喜结姻缘，并非买卖。往往都是由男方来择定吉日，请三五个能说会道的长者，只带一头小猪或十几公斤肉、一坛酒、几公斤米送到

龙胜金竹壮寨寨门前的壮族新娘

拜见父母

女家。

明代桑悦有诗曰："男女分行戏打球，清歌互答自成亲。"清代《广东新语·粤歌》中记述："良人（壮人古称之一）之俗。幼即习歌，男女倚歌择偶。女及笄，纵之山野，少年从者数十，以次而歌。视女歌意所答，而一个留，彼此相遗……约为夫妇，及倩媒以苏木染槟榔定之。"

这种"唱歌为乐，答歌为媒"的活动，与壮族传统的古骆越、西瓯遗风和审美情趣有关。在壮乡，青年男女以歌为媒，被视为最具代表性的一种交往形式。

谈情说爱

壮族青年男女到了谈情说爱的年龄，就开始和异性有了接触和交往。青年男女之间的交往方式，常见的主要有抛绣球、打木槽、碰蛋和对歌几种。所谓抛绣球，就是利用赶歌圩的机会进行的一种交友活动。在歌圩上，姑娘们手提自己精心缝制的花绣球，聚集在一起唱山歌，以歌声吸引小伙子们的围观，然后开始对歌。姑娘若是见到中意的小伙子，便将绣球准确无误地抛给他。小伙子接到绣球后，如果对姑娘满意，便把事先准备的小件礼物缠在绣球上掷回给对方。这样一来一回，一场恋爱就拉开了序幕。

送亲

在驮娘江、西洋江流域，青年男女多利用赶街、帮工、到亲戚家做客、给新生儿送礼等机会对山歌，或互相试探，或互相倾诉爱慕之情，表达爱意。若双方有情有义，会互赠礼物，女的送男方布鞋或绣花鞋垫，男的则送小镜子、手帕之类的玩艺儿。

在靖西、那坡一带，有一种“隔街相望”的恋爱风俗。每到赶街天，青年男女早早就来到街边，男的站在一边，女的站在一边，往往相隔只有丈余，彼此边聊天边瞪大眼睛相互对望。有的地方甚至互不交谈，只默默相望，暗送秋波，有时一直站到太阳西斜，街散人空。

早婚

旧时壮族曾普遍早婚，根据有关地方志记载：“侬人，多早婚。”侬人也是壮人，往往女孩十来岁就被定亲，十五六岁就出嫁。父母包办的婚姻，除了早婚之外，过去还盛行姑表婚。姑表婚就是姑家之女，必须有一个嫁给舅家儿子为妻，这种做法有还人情“债”之意，也有“肥水不流外人田”之意。这种旧俗，至今在一些偏僻乡村仍有沿袭。

哭嫁骂郎

壮族女子出嫁一般都要过“哭嫁”和“骂郎”这一关。这种习俗流行于广西右江流域。有的地方女子出嫁时都要哭嫁，真真假假都要装出不情愿的哀伤的样子，让人听了怜悯有加。有些地方新娘就用带着哭腔以山歌的调子，来骂前来迎亲的新郎。当新郎挂了红带，拜完女家祖宗出门后，后面又有新娘的“十伴娘”齐唱“送敌歌”送新郎。歌声句句骂人，尽挖苦羞辱之能事。这种骂郎习俗，被认为是古代女子对抗抢婚的遗风。

蒸喜饭

招赘上门

壮族还有“招赘上门”（壮语称欧贵）的习俗，通俗的说法就是男人出嫁。这种婚姻方式在桂西北驮娘江流域比较流行。别的地方，多发生在只生男孩儿或只生女孩儿的人家，还有一些家境不好，娶不起老婆的男子。招赘女家通常要派媒人到男家去说媒，取得男方同意后，便从简举行“上门”仪式。入赘的男子“出嫁”时几乎没有什么彩礼，新婚洞房及铺盖均由女方筹备。新郎只需择个良辰吉日，临时穿上干净的衣服，就由两三个亲友陪同送到女方家，吃顿丰盛一些的饭就算完事。新郎到了女方家里后，也可换成女方姓氏，生儿育女一般都从母姓。女方的弟妹一般称入赘男子为“哥”，女方父母则称之为“儿”。

闹洞房

改嫁

壮族婚俗中，已婚的女子其丈夫死后可以改嫁，也可以转房，但转房的前提条件，是仅限于亡夫尚未结婚的弟弟，嫂转为弟妻。

各地迥异的婚俗

广西西林县 该地区的壮族有一种拦嫁的婚俗。当新娘离开自家庭院，还没走出村子，便有一群好姐妹前来拦住迎亲队伍。这时，来迎亲的新郎和亲友只好停下来说好话央求，并施展其口才，最终说服前来拦嫁的姐妹们放行。凌云县一带的壮族在新娘出嫁时，搭起一个用芭芒杆捆绑成的“梯子”，格数为双数，中间点上一盏双芯油灯，谓之灯梯。新娘在拜别父母亲后，便从灯梯上一步跨过去，直出大门，再坐上花轿。此举意为前程艰难，但步步光明。

送亲

广西靖西、那坡、隆林县 过去流行一种夜婚习俗，婚礼一般都在晚上举行。婚礼当晚，新郎带领村中二三十个伙伴打着火把去迎亲，行至新娘所在村口，会受到数十位姑娘的拦截，并对歌进行盘问。小伙子们必须以歌对答并得到姑娘们允许，才可得以进门迎亲。还有一种夜婚习俗，男女双方各有数十名伙伴相陪，来到事先约好的地点相会。这时，女方阵容中有几个伴娘装扮与新娘一模一样，以假乱真。在夜色的笼罩之下，男方必须分辨出真假新娘，然后派人冲入伴娘群中“抢”走新娘。姑娘们则想方设法多方掩护，男方“抢”到新娘后，以盘歌来对付女方“反争夺”，并且战且退。姑娘们顺水推舟，在后边假意追赶，实

入赘

则送亲。

广西那坡 该地壮族的婚礼更为奇特。新娘被接到新郎家后，半夜趁人不备，便悄悄偷跑回娘家，第二天晚上再到新郎家，继续举行未完的仪式。如此反复三天，婚礼才告结束。有的地方，在迎亲那天，家婆躲在大门背处等候新娘的到来，待新娘踏进大门，家婆就悄悄跟在新娘子的身后，使劲踩踏她的脚印，一直跟踩到洞房门口。这种习俗认为，这样做新娘就会留下来孝敬公婆，不会老往娘家跑了。

广西桂北一带 该地区的壮族，结婚时还有背新娘、砍梯、拆桥、对歌等独特婚俗。新娘出嫁时，由一个父母健在、儿女双全同族男子或新娘的父亲背着出门外。这时，新娘要脱鞋，到了院子才给穿上，表示她的脚印已经出了家门，日后一心忠于夫家。同时也暗示姑娘离家并不情愿，而是被人背走的。新娘出嫁，一般不骑马也不坐轿，而是由十几位伴娘陪送。到了夫家，要给新郎一双鞋和一套衣服，给家婆、伯娘各人一块围巾，给家公、伯伯各人一条腰带。进入夫家时，要踏过临时架设的竹梯上楼，再走过一道“新桥”进入洞房。新娘登竹梯、过竹桥后，一位父母健在的男青年立即将竹梯砍断，并拆除“新桥”。“砍梯”“拆桥”的说法是，新娘此生后路已断，今生今世永落夫家，安心生儿育女。

广西田阳县玉凤乡 该地区的新娘进入夫家时，还要经过“炮火”的洗礼。原来，新娘被接到新郎家门前后，要稍作停留，做好“冲锋”进门的准备。因为在门口、厅堂、洞房3个地方已经由若干小伙子组成三道“炮火”阵线，人人手里拿着串串鞭炮等着新娘进门。当新娘将要踏进门槛时，“炮手”们立刻燃放鞭炮，形成第一道“火墙”。如果是胆怯的新娘，这时只好退到门外，等待第二次甚至第三、四次“冲锋”，直至突入重围，顺利进入洞房为止。此外，吃过婚宴后，客人们并不急于离开，而是要观看新娘在伴娘摸黑出门去“挑水”，直到新娘把水缸挑满。这种习俗据说是为了考验新娘能否吃得了苦。

广西宜山、环江县交界的一些地方 壮族青年结婚，至今仍流行“背字”习俗。“背字”是壮话译音，实际上背的不是“字”，而是一条长4米多、宽33厘米余的布带，由女方母亲用自织自染的黑土布缝制而成。女儿出嫁那天，让男方指派一个“背字”的人，来把布带“背”回新郎家去，以备外甥出世后做襁褓之用。

广西桂西北、云南文山一些地区 该地区的壮族女子，自古有不落夫家的习俗。新娘在出嫁的当天，到新郎家举行婚礼后，当天晚上住在夫家，但第二天新娘就得返回娘家居住。以后，只有到农忙时或过年过节，才由夫家派人去请回来居住几天。这种状况要持续两三年，直至怀孕后，女方才会到夫家长期居住。

西天之路

生老病死，悲欢离合，是人世间经常发生的事情。在壮族民间，人死后的丧葬事宜隆重而且繁杂。白事，被认为是一个人生命过程中最为重要也是最为铺张的一件盛事。

棺木

一般壮族人要是进入了老年，子孙们就会砍下最好的树木，为他把棺材造好，以备急用。棺木又称“寿木”或“宝木”，由“天、地、日、月、头、尾”共6块厚木板组成，两头雕刻有

"福"和"寿"二字，涂上朱红色。此外，子孙们还要为老人准备寿衣若干件，其中有一件白短衫和一件黑长衫，其余为黑或蓝短衫。动手砍树或制作棺木、缝制寿服的日子，一般都会选择在良辰吉日进行。

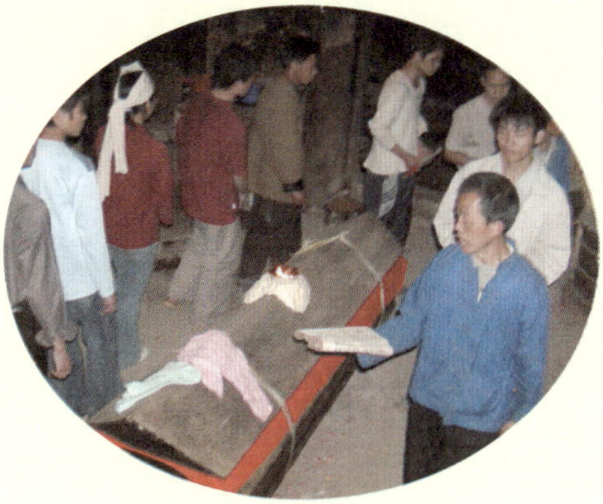

围棺悼念

去世

壮族的丧葬习俗并没有一种统一的格式，不同的地方各有异同。

一般人属于正常的死亡，丧事的处理方式基本上都是一致的。人死了以后要立即进行洗礼，用柚子叶、桃叶或生姜煮成温水，由晚辈给死者洗身，然后再换上丧服。死者是男的就要给他剃头去发，是女的则给她梳理头发。男的戴上新帽，女的包好头巾。死者断气后，要立即往死者口里放入一枚银圆或金子，称为含金。

壮家有人死亡后，家人立即燃放爆竹或打火铳三响，以示家里有人去世了，向邻里村人报丧。同时，主家还要派人到亲戚家

孝子

去报丧。知道消息后，家族男女和村人就自动来到主家里，帮忙料理各种丧事。孝男孝女及亲戚都一律披麻戴孝，聚集在死者身旁哀哭。

入殓

入殓仪式一般由道公或长者主持。孝男孝女到齐后，由道公择定吉时，便举行入殓仪式。装殓时，棺木内四角和中央分别放置五枚金属币并用草纸折成三角钱，在棺内底板上排列成鳞甲状，意为死者将骑上麒麟到阴间去。有的地方则在棺材底铺上一层稻米或草木灰，再用白布铺上。将尸体仰面平放棺中时，头部要靠在棺木的大头，用稻草或布匹制成枕头，再放入一些孝女送给死者的布料和衣物，最后盖上一层白布。诸事完毕，就可以盖上棺板了。

入土

盖棺时，道公要念相关的经文，然后用三枚长钉把棺盖钉牢。如果死者为男性，就以左二右一打钉，女性的则相反。打第一钉时，道公念“一钉天开如子”，第二钉念“二钉地辟于丑”，第三钉念“三钉人生于寅”。这三钉寓为天、地、人之意。

入殓完毕，孝男孝女们便放声大哭，以示与死者诀别。之后，棺木以男左女右的位置放在厅堂内，用一幅布遮住祖宗神位，以免冲犯祖宗。棺材头垂下一张布幔，设一张方桌，桌上设死者灵位，点灯燃香，供亲友吊唁。在两旁地面铺上席子，供孝男孝女日夜坐席守灵。

做道

人死后，一般要请资深的麽公或道公来做道，以超度亡灵。

道场超度

隆林者浪壮族道公丧事“请水”

为死者“做道”送魂，一般有三种规模。大型的称作“送终”，由“师公”带领徒弟5~7人念经七大七夜，场面盛大奢华。比较通用的经文有《布洛陀》《二十四孝》等。

期间，道公们按资排辈轮番上阵，在“八音”的伴奏下，唱诗诵经，通宵达旦。中型的称为“开路”，“师公”带徒弟1~3人，念经三天三夜或一天一夜，没有“八音”伴奏，只有一副锣鼓、一只钹或木鱼，这种规模多为家境平常人家的首选。最小规模的称作“点眼”，只请一名道公到场念经。最后道公用油纸点火照死者眼睛，意为引导死者到阴间去，便草草了事。给死者“做道”，一要看死者的身份，二要看主家的经济能力。如果死者是家族长老，德高望重，主家又有实力，那么“做道”的规模就大，时间也长。反之则小搞小闹。

壮族家中长者死后，通常要请风水先生帮助寻找一块风水宝地埋葬。风水先生也称地理先生，在乡村中具有一定的声望。壮族人认为，家中长者能够葬到一块宝地，将会给子孙后代带来后福和运气。而那些被称为宝地的地方，也被称为龙脉、龙鼻子或龙眼。一般长者在死前就已经选好坟地，也有在死后才找坟地的，总之必须考虑风水吉利，让家人满意。

出殡安葬

有些地方壮族在选择出殡、下葬时间颇为讲究，首先要考虑的是，此时不能和家中后人的生辰时日相冲，否则相克，被克的人日后会多灾多难。因此，有的人死后，迟迟不能出门。有的虽然出了门，也没法及时下葬。往往要在野外搁置数月方可入土。

出殡时，先由亲属扛一支幡走在前头引路，还有人提着装有鞭炮、纸钱的篮子，在前面一路燃炮、撒纸钱。道公身着道服，一路敲锣打鼓，手持利剑在前开路。灵柩紧跟道公之后，披麻戴孝的孝男孝女一路哀哭，一路簇拥在灵柩四周，亲友送葬的队伍走在后面。行进途中，灵柩绝对不能着地，直至墓地。

看次向 ▶

下葬前，道公在一只公鸡的脖颈轻抹一刀，然后抛进墓穴中，公鸡挣扎着跑向坟前方向则视为吉利。道公还把谷粒抛向空中，以表示让死者到阴间丰衣足食。随后由道公边念经文，众人边将灵柩及陪葬物放到墓坑。在归途中，道公不得再敲锣打鼓，孝男孝女及送葬的人们也不得再哭，不得回头望。人们回到主家门口时，每人都要在装有柚子叶或桃叶的盆里洗净手，以祛邪气。

丧葬遗风——捡骨葬

在几千年的历史长河中，壮族的丧葬风俗几经演变，至今仍保留了许多古人的遗风。壮族曾经有过多种丧葬形式。比如岩洞葬、悬棺葬、屈肢蹲式葬、水葬、火葬、捡骨葬等。而至今民间普遍流行的仍是捡骨葬。

捡骨葬也称为二次葬，最早的记载见《墨子·节葬》，称“楚之南有啖人国者，其亲戚死，朽其肉而弃之，然后埋其骨”。这种葬法是在第二次安葬时，使用入土为安的形式，根据其所葬内容的不同，可以分为捡骨土葬与骨灰土葬两种。明清以前，壮族有实行木棺火葬的记载，即以木棺土葬一两年后，再掘棺焚烧，然后拾灰骨盛入罐内，以土埋葬。现在这种骨灰土葬已极少见用。

捡骨土葬，也称“捡骨葬”“洗骨葬”“拾骨葬”，是在第一次葬后若干年后，子孙们选好墓地，择日捡骨，把骸骨依脚骨至头骨的次序放入坛罐中。壮族人认为，捡骨葬是帮助先人的灵魂从地下回到地面，以便他们逢年过节时能回家与亲人团聚。有些

垒坟

和祖宗对话——壮族捡骨葬（田林县板桃乡）

封运——壮族捡骨葬（田林县板桃乡）

上坟

地方的壮族，为了能够找到风水宝地，不辞辛劳，迁葬多达数次。

有的地方在重葬时，由逝者在世的后代若干人，用针将手指刺破，把鲜血滴于颅骨上，然后盖上罐盖放入新墓穴中进行安葬，又称“滴血葬”。二次葬要同时筑墓台，立墓碑，有的甚至比首葬更堂皇，葬礼也相当隆重。

随着社会的进步，现在壮区的一些地方已经改革旧的丧葬习俗，实行火葬。有些地方还成立专门处理丧事的“老人会”，遇到丧事，会出面发动众人齐心协力处

知识链接 壮族的丧葬习俗中，也有一些自己独特的风俗。比如家中有人死亡，告诉别人时只能称“过了”或“去了”，忌讳称“死”。父母亲死亡，孝子在戴孝期间不得剃头，不得唱山歌、娶亲、饮酒作乐，有的地方还不能睡床。有的地方，父母亲死后，孝子孝女在下葬后一个月内都要反穿孝衣。有的地方，若是八九十岁高龄的老人去世，称为白喜，往往参加丧事的村人和亲友在吃最后一顿饭时，会将餐具收藏，以图个吉利。

理后事，为死者家属制作棺木，筹集钱、米、酒等物。这时候，会员家庭的壮实男子要出来帮助主家打柴、修桥、铺路、挖坑、抬棺、料理吊唁事宜。

美酒与佳肴

壮族是一个比较讲究饮食和善于喝酒的民族。一直有“无酒不成节”“无酒不成席”的说法。每逢过年过节，或者每次聚餐，壮族人都必须喝酒。一旦没有酒，这个年节、这个宴席就味同嚼蜡了。

这种源自生命中对酒的喜好与热爱，使酒文化在壮族人的平常日子中，变得更为浓酽，更为悠长，更为深厚。因而，对于壮族人来说，酒不止是一种文化，是历史，更是生活的一部分，一个内容，一种人生。

酒历史

壮族酿酒的历史，与中原地区的酿酒历史一样久远。

人们都知道，粮食是酿酒的主要原料，壮族的先人很早就学会了种植水稻，把谷物作为酿酒的原料。在龙山文化遗址中，出土了陶尊、陶斝、陶盉、陶高脚杯、陶壶等酒具，说明在大约5 000年前，人们就盛行饮酒了。在古代，巫师利用所谓的“超自然力量”进行各种活动时，都要用酒。那时候，巫和医是没有多少区别的，酒是巫医的常备药之一。古代的统治者认为，“国之大事，在祀在戎”。因此在祭祀活动中，酒作为美好的东西，必然首先要奉献给上天、神明和祖先享用。《周礼》中，对祭祀用酒还有明确的规定，如祭祀时，须用“五齐”“三酒”共8种酒。这些酒，可以说相当于当时的国酒了。

知识链接 在广西出土的两汉时期的大量文物中，有陶瓮、罐、壶、瓿、樽及铜钫、铜壶、杯等酒具，尤其各种杯盏更为普遍。到了商周时期，在今天的武鸣、柳州、兴安、贺州、广南等地，酿酒业已具有相当规模，饮酒的风气颇为流行。在贵港发现的一件东汉时期红陶灶，便是一种早期的“酿酒工作台”，一般要有四五个人同时作业。

酿酒

在今天的壮区，尚有一些村寨人家经常以古老的方式酿酒。这种来自老祖宗的土法酿酒方法颇为简单，人们先是到山野里取来若干草药，配上酒种制成酒饼（酒曲）晒干备用。再选好并加工好原料，这些原料包括稻谷、米饭、玉米、红薯、木薯、果、甘蔗渣、橡子等。然后把酒饼（酒曲）碾碎，拌入原料中搅和，装进酒槽或陶瓷器中发酵。十天半月后，就可以酿酒了。

酿酒时要用一大一小两只锅头，大锅在下，做蒸煮酒糟之用，锅上置放一个圆形木甑（蒸笼），木甑内斜放一只小木槽。直接将酒引到陶制的盛酒的坛罐中。木甑顶部搁置小铁锅，装入冷水，起冷脚作用。简单地说，酿酒就是利用木甑内部的冷热效应产生的“雨”，提取酒槽中的酒汽和水蒸气。提取越多，酒就越淡。

知识链接 壮族酿酒从远古延续到今天，越酿酒越香醇好喝，越酿也越有了名气，已经酿出如桂林三花、湘山酒、乳泉酒、德胜红兰酒、百色石龙酒、丹泉酒、德保蛤蚧酒、横州大曲、广南那榔酒等名酒。

酒风

如今壮家自酿的酒，俗称“漏嘭”或“土茅台”“土酒”，除了自饮之外，还用于祭祀。但凡婚丧嫁娶、逢年过节、欢聚迁居等，壮族人都要大摆宴席，边喝酒边唱歌。壮人普遍酒量较好，酒风质朴醇厚而风趣，喜欢大碗酒敬人、喝交杯酒，也喜欢斗酒、猜码划拳、以歌敬酒、以牌猜酒等等。壮族村寨来了客人，往往会得到各家各户的轮流宴请，客人喝得越多越醉，主人就越高兴。

美食

到壮家做客，除了能饮到醇香的土酒之外，还能吃到风味独特的壮族美食，品尝到流传于壮乡的美味佳肴。壮族最具代表性的传统美食和菜肴，有驼背粽、五色糯米饭、熏腊肉、粑馍、白切狗肉、鱼生、白斩鸡、龙棒、壮家酥鸡、清炖破脸狗、豆腐圆、烤乳猪、盐风肝、火把肉、烧鹅、烧鸭、醋血鸭、烤辣子水鸡、清水羊、子姜野兔肉、竹筒煨饭、酸水煮鲫鱼、白炒三七鸡、炸蜂蛹竹虫、五彩蛋等。

油团

壮族对禽畜肉几乎没有忌嘴和禁吃，如猪肉、牛肉、羊肉、鸡、鸭、鹅，甚至狗肉、马肉、猫肉、鼠肉、田螺和蚂蚱、马蜂、木虫、昆虫都吃。

米花

壮族善于饲养各种大型食用类畜禽，比如黄牛、猪、山羊和鸡、鸭、鹅等。每逢年过节或红白喜事，壮家都要杀猪，以示隆重。猪几乎成了壮家的主要肉食荤菜，用猪肉做菜时，可煮可炒，可炖可烧，可蒸可炸，可煎可烫。一些居住在高寒地区的壮族，还以猪肉制成熏腊肉、熏猪头皮、熏猪腿、腊肠、腌肉、辣椒骨、龙棒等传统肉制品，风味独具，食之回味无穷。

壮族五色花糯饭

第五章
壮族文学源自民间

千万年骆越文化的孕育与催生，使壮族的文学艺术得到了良好的传承。壮族先民在商周时期就创造了刻画文字符号——方块壮字，并用它记录和书写了壮族创世史诗《布洛陀》。刘三姐的传说，是壮族民间文学的一朵奇葩。

方块壮字

方块壮字又称古壮字，是壮族人民为了书写壮语借用汉字的字形或结构创造的文字。壮语叫作“𭨡𮅪”（sawndip），即未成熟文字之意。

壮族先民在长期的生产实践和社会活动中，为了便于记事和交流，在商周时期就创造了刻画文字符号。这种文字在壮族创世史诗《布洛陀》中，被称为 sawgoek，意为本源书，即最古老的文字。从广西出土的战国至汉代的文物中看到，这种刻画符号开始出现对物象轮廓的勾勒，有向象形文字发展的趋势，它比结绳记事前进了一步。后来，随着汉文化在壮族地区的广泛传播，壮族先民又吸取并仿造汉字六书的构字方格，创造出“sawndip”，意即生造字。这就是史籍所称的“土俗字”，又叫“方块壮字”。

石碑

知识链接 古壮字最初发现于公元7世纪，人们现在看得到的最早记录，是发现于上林县的唐代683年石碑《六合坚固大宅颂》，及始建于公元697年的智城碑，迄今已有1300年历史。

历史记录

清初浔州（今广西桂平）推官吴淇的《粤风续九》中，采录有俍、壮的“扇歌”、“担歌”和“巾歌”，即壮族男女把情歌写在扇面，刻在扁担和织（绣）在花巾上以此为信物，相赠定情。并称其“文如鼎彝，歌与花鸟相间，字亦如蝇头”。有的地方用土俗字编写的歌本数以箱计。清人屈大均的《广东新语》卷八“刘三妹”条中说：“凡作歌者，毋论齐民与俍、瑶、壮人、山子等类，歌成，必先供一本祝者藏之。求歌者就而录焉，不得携出，渐积遂至数箧。”产生于明代，流传于右江河谷的两万行《嘹歌》，就是以土俗字抄本传世的。道光十一年（1831），广西宜山安马乡古育村廖士宽墓的诗碑，全用古壮字写成。碑上刻有一首五言勒脚体壮歌共120行，生动而详尽地表白了作者的身世和晚年悲凉的情景。壮族民间的神话、故事、传说、歌谣、谚语、剧本、寓言、楹联、碑刻、药方、家谱、契约等，多用土俗字记录并流传于世。

广西在壮族聚居区积极开展壮文推广工作。图为壮文版《广西民族报》和《三月三》杂志

学术界认为，壮族的古壮字始于唐，兴于宋而盛于明清，有碑刻和大量的师公唱本、民歌抄本传世。壮族民间则普遍用古壮字来记录或书写神话、故事、传说、歌谣、谚语、剧本、楹联、碑刻、家族、契约、讼诉、药方、家谱、经文、记财等，如壮族的创世史诗《布洛陀》、壮族的《嘹歌》等颇受世人惊叹的壮族民间文学瑰宝，更有《唱三元》《唱五雷》《顺知闹海》《千金万两》《布伯》《雷王》《造天地》《莫一大王》《白马三娘》《甘玉》《唱东林》《祖源歌》《冯泗将军》《唱盘古》《唱鲁班》《二十四孝》《唱引光》《蟾蜍王》《唱董永》等唱本，都是用古壮字写成的。

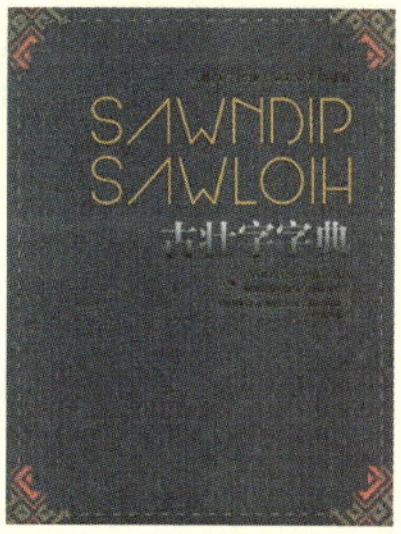

《古壮字字典》书影

知识链接 根据民间流传的经文、诗词等书面记录，1989年编写的《古壮字字典》收载了大约4 900个字为正体字，正体字和异体字多达1万余。1957年以后，壮语虽然有了应用罗马字的壮文，但现今仍然还有人使用方块壮字。

构字方式

古壮字的构造是借、仿、创三者结合。“借”即是借汉字或汉字的偏旁部首；“仿”是模仿汉字六书中的方法；“创”即再创造文字。

古壮字的构字方式，大体有四种：

形声字 是利用汉字的偏旁部首和意符组合而成的字。

会意字 是利用汉字本体的意义，加上一些特殊的符号，或者是以两个以上的汉字合并而成的字。

借汉字 是直接借用汉字。有借音和借义两种。借音是借用汉字的正者或谐音来记录壮语字。一经借用，其原来汉义不复存在，而是表示壮义了。另一种是借音借义字。是既借音又借义的字。

《古壮字文献选注》书影

象形字 是依物赋形，依事描样，以简单而富有概括力的笔画，勾画出物体的基本形象。

这些古壮字文本，为研究壮族古代社会的经济、政治、文化以及风土人情，提供了可贵的文字材料。古壮字的传播，曾经为壮族社会的文明进步做出了贡献。

坡芽歌书

在云南省文山壮族苗族自治州富宁县剥隘镇，有一个叫坡芽的壮族寨子，世代传唱着一种特别的山歌。人们唱山歌时，都会参照一张画着奇怪图形符号的土布帮助记忆，这就是被学者誉为“活着的图画文字”的坡芽歌书。

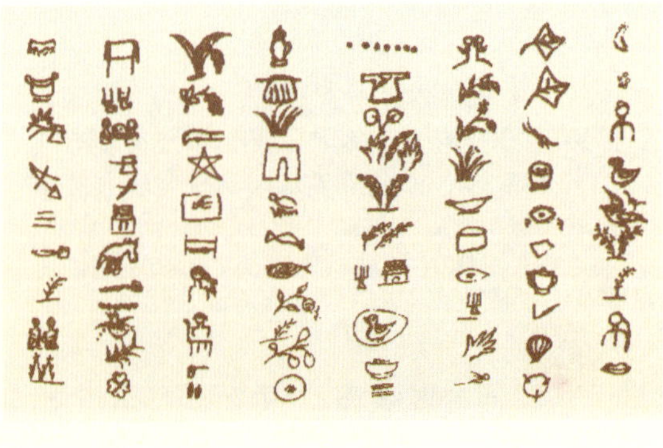
坡芽歌书

“坡芽”，当地壮语为开满黄饭花的山坡之意。每年三月三，当地村民在做五色糯米饭时，习惯用一种叫作“黄饭花”的花朵与糯米浸泡，做出香喷喷的彩色糯米饭招待宾客，“芽”即黄饭花。

坡芽村现有55户人家，全是壮族，其中农姓有48户，其余为韦、黄等姓氏。他们世代以种稻作为主业，有时偶尔也进行狩猎活动。由于地处深山，受到外来文化影响较小，因而民风淳朴，代代相传的歌书才得以较好的传承。

坡芽歌书，是2006年富宁县有关部门对全县壮族文化资源进行全面普查时，在坡芽村发现的，原件为一块画有81个奇特图形符号的土布。

《坡芽歌书》的传承者——农凤妹

据介绍，这是祖传的一份歌书，每一幅图画代表着一首特定的山歌，81幅图画记载了81首壮族情歌。这些图画根据每首歌中用以表情达意的主要物象绘制而成，书写符号相对抽象而固定，且能唤起人们对歌词的相同记忆，歌者只要见到这个图画符号，即可根据它约定俗成的特定含义演唱整首山歌。

坡芽村的山歌文化在这里长盛不衰，世代流传的壮族民歌曲调就多达20多种。类似的民歌文化现象，即便在壮族聚居的广西也不多见。坡芽村这里山清水秀，气候温和，雨量充沛，树木葱茏，花繁叶茂，四季如春。这里的壮族同胞长期从事农耕稻作，练就了与自然和谐、快乐豁达、团结互助、富于创造的民族性格，正是这样深厚的文化土壤，孕育出了坡芽歌书。

坡芽村人因为爱唱山歌，而创造出了属于他们自己的“坡芽歌书”，在每年的“三月三”大放异彩。“三月三”期间赶歌圩，富宁一带的壮族称之为“陇垌”，这在这个盛大的节日里，对歌是主要的活动内容，一般会选择一个固定的场所举行，最吸引人的场景是男女青年互谈友情，对唱山歌，如果双方有意，则会对敲手中煮熟的红鸡蛋定情。

坡芽歌书的奇特之处，在于以图记歌，看图唱歌。据《瑶壮

知识链接 **陇垌** “陇垌”的历史，可以追溯到《后汉书·西南夷列传》中。有壮族学者研究发现，书中提到的《白狼歌》中，有“偻让龙洞”的诗句，这里的“龙洞”与壮族先民“陇垌”显然是同音异写，而“陇垌”对歌为富宁一带所盛行。由此可以推断，坡芽歌书早在东汉时期就已具雏形。

传》记载，壮族有把歌记录在扁担上的习俗，且“间以金彩作鸟卉于上，沐以漆，使不落”，这种记录歌谣的方法类同于坡芽歌书。由此可以推断，坡芽歌书的出现与壮族习俗“陇端”的活动密不可分，是富宁地区壮族人民的传统习俗在历史进程中发展变化的必然结果。

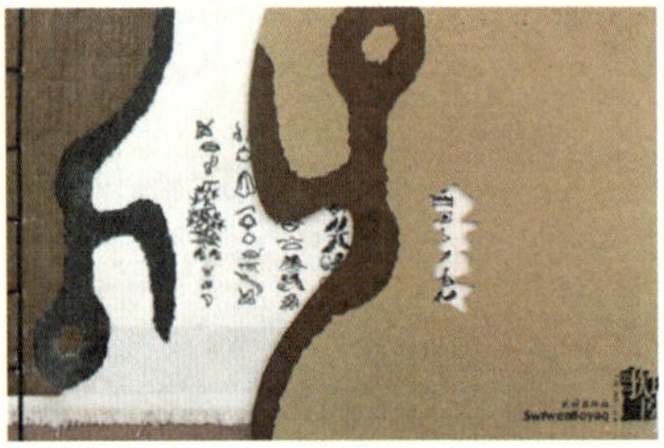

《中国富宁壮族坡芽歌书》书影

正是壮乡丰富的民歌文化、壮族图画表意的习俗和万物有灵的观念，才有坡芽歌书的代代相传。丰富的少数民族物质和非物质文化遗产，是中华民族文化遗产的重要组成部分。

布洛陀经诗

《布洛陀经诗》是壮族民间经典古籍之一。

《布洛陀经诗》的内涵

《经诗》被认为是壮族巫教的经文，通篇唱诵始人文祖神布洛陀创造天地万物，规范人间伦理道德，启迪人们智慧，祈祷还愿消灾祛邪，追求幸福生活。经诗贯穿着壮族自然崇拜、祖先崇拜的原始宗教意识。

大部分篇章的内容是反映布洛陀创造天地万物的，其实就是壮族的创世史诗。同时涵盖了母系氏族社会向父系氏族社会转变

知识链接 **“黼洛陀”**为古壮语，汉译为布洛陀。黼洛陀是壮族的智慧祖神，壮语之意，“黼”是对德高望重老者的尊称，“洛”是知晓或懂得，“陀”含普遍、全部之意。“布洛陀”三个字，通译为无所不知的智慧老人。

的时代，且带有明显的母系氏族社会文化的痕迹，经历了奴隶社会、封建社会的熏陶。

以诗的语言和形式，生动描述了布洛陀造天、造地、造太阳、造日月星辰、造火、造树木、造谷米、造牲畜等的“造化”过程，讲述天地日月的形成、人类的起源、各种农作物和牲畜的来历，叙说远古人类的生活习俗等。又因其唱词为民歌形式，通常在祭祀时诵唱，故又可以说是一部壮族宗教文学巨著。

全诗长达万余行，自古以来以口头方式在红水河及左、右江一带广泛流传。追根溯源《经诗》大约从明代起开始传唱，并以古壮字书写的形式保存下来。其中的一部分被不同时期的文人提炼整理，成为创世史诗《布洛陀》，另一部分则变成壮族民间麽教的经文。

现代《布洛陀经诗》

《经诗》是布洛陀史诗中的代表作，它由民间文艺家根据从民间搜集到的22个手抄本综合整理而成。文艺家通过对22个手抄本的8万多行翻译资料反复推敲研究后，最终确定以版本较古老、内容较完整的本子作为基础文本，充分吸收其他文本的内容和优长，形成了现在的《布洛陀经诗》。整理后的《经诗》共分两大类，一类内容为创造天地万物，另一类为伦理道德和宗教禁忌。

坐落于广西田阳的布洛陀文化陈列馆

《经诗》各篇都可以独立成篇，共有8个篇章：序歌、造天地、造人、造万物、造土官皇帝、造文字历书、伦理道德、祈祷还愿等。

开篇：序歌　是巫师做法事时请神所念的开篇经诗。有两种开篇：（1）请神（主神是布洛陀）来坐坛，巫师表明自己是布洛陀的传人，是正统的巫师；（2）要求传话神去请四面八方各种各样的神祇来神坛就座，特别是请布洛陀和乜洛甲到中央就座。

第一篇：造天地 有三种说法：前两种是说，原来无天无地，是太上老君造出了天地。据说此种说法明显受道教影响，麽师为了抬高经诗和自身的身价，而引进道教主神太上老君的。第三种情况是说，原来“天与地混合在一起，不分白天黑夜，不分高和低”，是布洛陀派来盘古王，由盘古造天地、造石头、造月亮和太阳。过后，又请来天王氏，把天地和日月星辰进一步加以修整，大自然从此变得完善和美好。

第二篇：造人 有两个阶段：（1）布洛陀派四脚王到地上来造人。（2）人类出现了，没有伦理，不懂规矩，于是布洛陀派四脸王下来整治，又派耕作大王来送谷种给人们耕种。

第三篇：造万物 该篇共有8章：（1）寻水经。（2）造火经。（3）赎谷魂经。（4）赎水牛魂、黄牛魂和马魂经。（5）赎猪魂经。（6）赎鸡鸭魂经。（7）赎鱼魂经。（8）造房子、园子、渔网经。

第四篇：造土官皇帝 古时没有土官皇帝来管理，“世间就乱纷纷”，自从造出土官皇帝后，天下就有人管，“同享太平”。

第五篇：造文字历书 古时候没有书，人们做什么都是盲目的；到后来，吃禾苗的蝗虫和螟虫在纸上爬来爬去，爬成了文字，并成为皇书和官书。从此土官和皇帝照书本治理天下。

第六篇：伦理道德 该篇共分有七章：（1）唱童灵；（2）唱罕王；（3）解婆媳冤经；（4）解父子冤经；（5）解母女冤经；（6）祝寿经；（7）献酒经。

第七篇：祈祷还愿 这是巫师在做祈祷还愿时念诵的经诗。叙说从前人们不会祈祷还愿，布洛陀叫大家“赶紧做还愿”。人们懂得祈祷还愿后，无论做什么事都能样样做得顺利。

在壮族的文学史上，曾经出现过以《嘹歌》为代表的长诗繁荣，其他文学种类全面发展的阶段。

刘三姐的传说

在壮族民间传说中，有关刘三姐的传说相当广泛，在宜州、罗城、柳州、河池等地，可谓家喻户晓。后来，刘三姐的传说故

大型桂林山水实景演出《印象·刘三姐》深受广大游客喜欢，已成为享誉世界的广西民族文化品牌

事经过文艺家的收集、整理、加工、创作，推出了不同版本的戏剧、电影、电视剧等衍生文化产品。经过多年构建，“刘三姐”被认为是壮族乃至广西最响亮的文化品牌之一。

流传

刘三姐的故事，在广西的贵县、恭城、扶绥等县都有类似的流传，情节与宜山传说大同小异。历代文人学士，如清代王士禛、陆次云、闵叙等，在他们的著作中，都曾将民间口传的刘三姐传说加以笔录和整理，撰写成故事作品流传。另外，《浔州府志》《宜山县志》《苍梧县志》等，都有一些关于刘三姐传说的记载。

不仅如此，刘三姐传说还是中国南方区域性传说之一。在广东、湖南、云南、贵州的苗族、瑶族、布依族、仫佬族、汉族等民族中也有同类内容故事流传。

电影《刘三姐》剧照

1961年，黄婉秋因主演电影《刘三姐》而名扬天下

新中国成立后，文艺工作者从民间发掘出大量的资料。这些文献和新发现的资料说明，刘三姐传说是在长期流传过程中，经过壮族人民不断地加工、整理、丰富、提高，故事情节由简到繁，日臻完善。

传说

刘三姐的传说曾经有几个不同的版本。

版本一 相传，桂西北宜山地区下枧河边中枧村，有一姓刘女子，乳名善花，因家中排行第三，而得名刘三姐。村邻说，三姐系黄莺投胎，聪明伶俐，自幼喜唱山歌。远近青年与三姐对歌，没有人能够胜她。涧村一个守米碾的青年李示田，勤劳朴实，要求向三姐学歌。莫村财主莫怀仁，见三姐貌美善歌，欲纳为妾，三姐不从。他找来广东水客三人与三姐对歌，被三姐所败。此时，李示田已学得一口好歌，常与三姐一起坐在葡萄藤上对唱山歌。莫仁怀污蔑两人有伤风化，处处刁难三姐，后来干脆砍断葡萄

小人书《刘三姐》

藤，使三姐坠入河中。三姐飘至柳州，与李示田在柳州鲤鱼峰对歌，连唱三天三夜，然后飘然而去。不久后，三姐和李示田又到桂林七星岩对歌，连唱七天七夜，最后变为一对黄莺飞去。

版本二　传说在唐代的时候，在罗城和宜山的地方有个美丽的小山村，村中有一位叫作刘三姐的壮族姑娘。刘三姐自幼父母双亡，是她哥哥刘二抚养长大的，刘氏两兄妹主要靠打柴和捕鱼为生。刘三姐不仅人长得水灵，而且勤劳聪明，有一双巧手，同时，刘三姐十分擅长唱山歌，她的山歌远近驰名，同村的人常常找三姐对歌和学歌。

刘三姐常常用山歌唱出穷人们的心声和不平，这样就触犯了当地的土豪劣绅。村中大财主莫怀仁贪恋刘三姐的美貌，企图霸占她为妾，但遭到刘三姐的拒绝和奚落。多次碰壁之后，莫怀仁恼羞成怒，遂对刘三姐怀恨在心，于是决定与官府勾结，欲置她于死地。为了免遭毒手，三姐和哥哥刘二在乡亲的帮助下，乘天黑乘竹筏顺流而下到柳江，随后辗转来到柳州，在柳州附近小龙潭村边的立鱼峰东麓小岩洞居住。

虽然逃离了恶霸莫怀仁的魔爪，但刘三姐的哥哥刘二还是心有余悸，害怕因为刘三姐的唱歌再次惹是生非，便与三姐约定，假设三姐可以用手帕角在又圆又厚的鹅卵石钻出个洞，他就允许她唱歌，反之她从此以后不得再唱歌。

立鱼峰的三姐岩

三姐没办法，明知道哥哥是故意为难自己，但是她没有据理力争，她无奈地唱道：“哥发癫，拿块石头给妹穿；软布穿石怎得过？除非凡妹变神仙。”三姐唱罢，神奇事情发生了，三姐凄切婉转的歌声直上九霄，传到了天宫七仙女的耳里。七仙女十分感动，唯恐三姐从此歌断失传。于是施展法术，从头上取下一根发簪甩袖向凡间刘三姐手中的石块射去，不偏不歪，把石头穿了一个圆圆的洞。三姐无意中见手帕穿过石头，心中暗喜，张开甜润的嗓子：

哎……穿哪穿，柔能克刚好心欢，

歌似滔滔柳江水，源远流长永不断！

既然是天意，哥哥刘二只好作罢。这样，刘三姐又开始天天唱歌，歌声流转于山间林梢，流淌在山溪水流。但是不久，刘三姐的踪迹还是被莫怀仁发现了，柳州的村民为了保护刘三姐，纷纷准备与莫怀仁搏斗。她不忍心乡亲们为她流血和受罪，毅然跳入小龙潭中。正当她跳入小龙潭刹那间，顿时狂风大作，天昏地暗。只见一道红光闪过，一条大鲤鱼从小龙潭中跳出，驮住刘三姐飞上云霄。就这样，三姐骑着鲤鱼上到天上成了歌仙。

尽管刘三姐骑鱼上到天宫成了歌仙，但她的山歌人们仍世代传唱着。为纪念她在柳州传唱的功绩，人们在立鱼峰的三姐岩里，塑了一尊她的石像，一直供奉至今。

刘三姐的传说，是壮族民间文学的一朵奇葩。

民间及作家文学

千万年骆越文化的孕育与催生，壮族的文学艺术得到了良好的传承。从传统的民歌、故事到民间文学、文人文学，壮族文学的继承和发展都是令人瞩目的。

《壮族神话集成》书影

口头文学

壮族最初的文学形式是口头文学，它包括神话、传说、故事、歌谣、谚语等。这些口头文学，世代口耳相传，自成体系。新中国成立后，经文艺工作者挖掘收集、整理，先后出版了一大批民间文学作品，形成了壮族民间文学。

神话作品 壮族神话作品主要有

《布洛陀》《盘古开天地》《布伯》《特康射太阳》《谷米和衣服是怎样来的》《牛的来历》等。

传说故事 壮族民间有大量的传说和故事，据不完全统计，到1992年止，已出版有壮族各种传说故事100多集。其题材广泛，寓意深刻，优美动人。著名的有《红水河的故事》《侬智高》《鱼峰山的来历》《岩刚河的来历》《花山崖画》《神弓宝剑》《竹筒打马队》《美丽的壮锦》《稔果的来历》《班氏女》《莫一大王的故事》《竹王》《刘三姐的传说》等。这些传说和故事，不仅丰富了壮族民间文学，而且使壮族文学增添了厚重感。

歌谣 壮族是一个歌的民族，其歌谣来自于民间，凝结了千百万壮族人民的艺术创造。历经千百年的传唱，壮族民歌已经不只是一种歌唱形式，更是已经包罗了壮族政治经济文化的方方面面，更像是一部大百科全书。内容主要包括生活歌、时政歌、情歌、劳动歌、仪式歌、童谣和长诗等多个种类。在篇章浩瀚的壮族歌谣中，尤以创世史诗《布洛陀》和《开天辟地歌》《布伯》最具史诗感。著名的历史诗包括《自明朝至民国史歌》《龙胜壮族历史传说歌》《情趣歌》等。此外，还有长篇叙事诗《达稳之歌》《达备之歌》《特华之歌》《马骨胡之歌》《幽骚》《唱离乱》《文龙与肖尼》等，也称得上是壮族歌谣的精品。壮族著名民间文学家有肖甘牛、黄勇刹、蓝鸿恩、侬易天、蒙光朝、农冠品等。

文人文学

与源远流长的民间文学相比，壮族文人文学出现相对较晚，但影响力并不逊色。

从唐代开始，壮族就有了自己的文人和作品。如唐代的南方高雷首领冯智戴、玉林首领宁纯、澄州大首领韦敬一等，都曾经是当时诗人。到了宋代，又加入了冯京、覃光佃、覃庆元、覃昌、韦旻等人。不过，这些上层文人留下来的作品，仅有韦敬一撰写的《六合坚固大宅颂》《智城洞》两块碑文和覃庆元的一首诗传世。唐永淳元年（682），韦敬一大兴土木，建造豪宅。宅建成时喜而撰写碑文《六合坚固大宅颂》，刻在碑上。

智城垌古城垌遗址牌匾

明清以后进入了高峰，不仅文人数量逐渐增多，作品数量和水平上都有较大的提高。保存至今的诗歌计有2万多首，其他文学作品、著作也达30多种。如明代宜山人张煊“从政40余年，才华政绩，倾动一时”。其曾作诗一首 “直透层霄上，真为第一山。古今青未了，钟秀在人间”。广西武鸣人李璧，学问渊博，明正德中进士，也曾留下不少诗作。

知识链接 清代壮族文人及其作品比明代多，其中较著名的文人有刘新翰、刘定逌、农赓尧、韦天宝、郑献甫、韦丰华、黄焕中、曾鸿燊等，其中最著名的是象州人郑献甫。

当代文学

现当代的壮族文学，较之历代都有较大发展。民国时出现了以才女曾平澜为代表的一批新知识分子作家，他们深受五四新文化运动影响，使用白话文创作小说、杂文和戏剧，用新诗体创作诗歌，作品广受读者喜爱。而以陆地、华山为代表的一批作家，则长期生活在红色根据地，接受战争洗礼，创作了大量的小说和纪实文学作品。

现代文学

新中国成立以后，经过半个多世纪的发展，壮族目前已经形成了一支以小说、诗歌、散文、报告文学、影视剧本等为创作体裁的作家队伍。这个时期的壮族文学，主要由四类作家组成，一类是在共产党领导下，在革命斗争中成长的作家，他们是陆地、华山、周民震、黄士鼎、黄福林、黄青、蒙光朝等。第二类是有知识分子背景的作家，他们是曾平澜、韦其麟、韦一凡、黄钲、陈雨帆、潘荣才、林万里、冯艺、岑献青、黄堃等。第三类为深受民间文学影响的作家，他们是蓝鸿恩、肖甘牛、黄勇刹、苏长仙、农冠品、韦编联、韦文俊、黎国璞、邓咏隆、罗宾等。第四类则是一批有工人农民背景的作家，他们是王云高、孙步康、岑隆业、梁芳昌、谢树强等。

知识链接 **韦其麟** 除陆地之外最有影响的壮族作家，曾当选第五届、第六届中国作家协会副主席，现为中国作家协会名誉主席。主要著作有《百鸟衣》《凤凰歌》《寻找太阳的母亲》《含羞草》《童心集》《梦的森林》《苦果》《壮族民间文学概观》。

韦其麟著《百鸟衣》书影

第六章
骆越艺风
争奇斗艳

延绵达千万年的百越传统文化，是壮族人民的精神家园。从百色盆地的石器到柳江人，从左江畔的花山壁画到红水河岸边的铜鼓，从《布洛陀经诗》到《刘三姐》，无一不流淌着壮族先祖的殷殷血脉，无一不弥散着浓郁的瓯骆遗风。

年千有已
广的史历
艺琴天西
新在，术
到得代时
和承传了
展发

多彩壮剧

壮剧是壮族源远流长的文化艺术表现形式。普遍认为，巫是壮族的原始宗教之一，神秘幻化的巫师文化可能就是壮剧的鼻祖。这种流传在古代壮乡村落的巫风，最终孕育出了壮族的礼乐、山歌和舞蹈，于是就衍生出了师公戏，师公戏又移植出了各种流派的壮剧。

南宋周去非《岭外代答》载："广西诸郡，人多能合乐，城郊村落，祭祀、婚嫁、喜葬，无不用乐，虽耕田，亦必口相乐之。"

说明当时的壮族说唱文化是多么兴盛。

壮戏

按舞台形式分类

壮剧是壮族一种主要的舞台艺术形式，是壮族民间文学、音乐、舞蹈、技艺的综合性艺术。壮剧大体上可分为师公剧、北路壮剧、南路壮剧、富宁壮剧、广南壮剧、乐西土戏、木偶戏等七种。师公剧主要流传于河池、柳州、来宾、百色、南宁、崇左、贵港等壮区，是在“跳神”的基础上发展起来的，始于唐宋，盛于明清。传统剧目有《莫一大王》《白马姑娘》《顺知戽海》等。

知识链接　壮族对壮剧的喜爱，与早期宗教信仰有关。例如，马隘壮剧的唱腔来自舞蹈，舞蹈也与巫舞有关。师公戏的舞蹈本身就是乐神的动作，“师公”也就是巫师。师公戴上木制面具或纸画脸谱，穿长红袍，唱歌跳舞以娱神，称之为“傩”。经过千百年的延续，各地壮剧都保留了自己久演不衰的传统剧目，如《布伯》《侬智高》《张四姐下凡》《宝葫芦》《莫一大王》《红铜鼓》《金花和银花》《歌王》《百鸟衣》《妈勒访天边》等。

按流行地区分类

由于流行地区和语言、音乐唱腔、表演等的不同，壮剧又分为北路壮剧、南路壮剧和师公戏三类。南、北两路壮剧的音乐唱腔比较丰富，表演技艺如身段、步法、手法、武打等都有其独特之处，具有浓厚的壮族风情与特色。

北路壮剧　流行于使用壮语北部方言的田林、隆林、西林、百色、凌云、乐业和云南富宁、广南等县。主要唱腔有正调、平调、卜牙调、毛茶调、骂板、恨板、哭调、哀调等。主要伴奏乐器有马骨胡、葫芦胡、月琴等。主要剧目有《卜牙》《侬智高》《文龙与肖尼》《牛郎》《刘三姐下凡》《刘二打番鬼》等。

田林县北路壮剧演出

师公戏　“壮师”或“调师”。主要流传于河池、宜山、来宾、贵县、上林、武鸣、邕宁一带。

南路壮剧　主要流行于桂西南壮语南部方言区，包括德保、靖西、那

知识链接　南路壮剧被认为是在靖西的提线木偶戏和德保的马隘壮戏的基础上发展起来的。提线木偶戏已有100多年的历史，剧目大多取材于汉族的传统剧目如《杨门女将》《西游记》《三国演义》等。马隘壮戏最初是用“双簧”式的方法演唱，后又吸收民间的“马隘调”“汉龙调”、靖西木偶戏的唱调发展而成。因德保和靖西是南路壮剧的两大发源地，所以南路壮剧也称为“德靖壮剧”。

▲

多彩壮剧

坡、天等、大新、龙州等县一带以及田阳、田东的部分乡镇。传统剧目有《解白》《双状元》《双花配》《宝葫芦》《百鸟衣》等。

云南文山壮剧　云南富宁壮剧、广南壮剧、乐西土戏三种壮剧都是云南文山的壮族剧种，分别流行于富宁、广南八宝、文山一带。壮剧的表演艺术具有健康、朴实、活泼等特点。

按艺术形式分类

从艺术上讲，壮剧大致也可分为三类。

第一类的音乐接近板腔体，表演程度接近京剧、粤剧、滇剧等大剧种，其以“哎咿呀”“哎的”和“乖海咧”三大声腔为代表。

第二类的音乐为联曲体，类似广西彩调、云南花灯那样的民间小戏，以“咿嗬海”声腔为代表。

第三类是新中国成立后，吸收了当地民间歌舞发展起来的新品种，以《螺蛳姑娘》为代表。

伴奏乐器——马骨胡

壮剧主要伴奏乐器是马骨胡，壮族称冉督、冉列。这种二胡的创造者来自民间，人们就地取材，用马腿骨或牛腿骨做琴筒，呈椭圆形，喇叭状，前口蒙蛇皮、鱼皮或蛙皮，后敞口。琴杆红木或红椿木制，上粗下细，顶端雕马头为饰。置二

乡村壮剧演出

轴，一般用黄麂角制成，现改用红木，弦为两条钢丝。

马骨胡流行于桂西北西林、隆林、田林、百色、靖西、德保一带以及云南的广南、富宁等地，相传已有200余年历史。最初用于节日期间走寨演奏，称“游院”，是闹“八音”的早期形式，后来多用于壮剧伴奏。

彩调剧

彩调，俗称调子、彩调、彩灯、哪嗬嗨等。原本是广西的汉族戏曲剧种之一，但经过多年的整合杂交，当代的彩调剧已糅合了诸多壮族元素，并深受壮族观众喜爱。

迎客

彩调属灯戏系统，起源于广西北部农村，流传甚广，称谓不一。桂林叫“彩调”，柳州、河池和贺州部分地区叫“调子戏”，平乐、荔浦一带叫“采茶戏”“彩灯”，左江的宁明、右江的百色等地叫“大采茶”“嗬嗨戏”等。

历史

早在清道光年间，调子自桂北向桂中流传，形成了以桂林、柳州、宜山三地为中心的主要流行区，并继续向南方传播。受湖南花鼓戏、江西采茶戏和桂剧的影响，调子戏渐次由小丑、小旦的“二小戏”发展成为有人物故事的小生、小丑、小旦的“三小戏”（即所谓“三十六出江湖调”）。

在桂北农村出现了“七紧、八松、九快活”，即7人、8人或9人组成的“过山班”，要求艺人一专多能，便于在各地村寨之间游走巡演。通过他们在游村走寨和节日庙会的长期演出，积累了《双看相》《双打店》《瞎子算命》《王三打鸟》《三看亲》等三十六出“三小戏”，当地称“江湖调”。

辛亥革命前后，彩调从农村地坪搬进城镇戏台，“过山班”也发展成二三十人的同乐堂、萃乐堂、群乐园等半职业性的调子班。这时期，原有的三十六出“江湖调”已很难满足观众的要求。艺人们争相改编小说和民间故事，编演了《二女争夫》《一抓抓磨豆腐》《打烂瓢》《恶媳变牛》等“大调子”戏。同时，艺

宜州彩调基地揭牌

人为谋生计，也创编了不少“对台戏”，如甲班演《娘送女》，乙班就编演《女送娘》，乙班演《三看亲》，甲班就编演《四女相亲》等。这样对台竞演的结果，既丰富了彩调的剧目，也促进了彩调音乐和表演艺术的发展。

知识链接 彩调最初为“双簧蛋”形式，单人表演男女两个角色，而“对子调”则由男女同台表演。题材多从神话传说、章回小说、市井轶闻中取材，积累剧目500余出。1955年，由广西人民政府统一定名为彩调剧，并规定采用桂林话（西南官话）演出。这样，不仅全区内各民族都能听懂，而且还能各自培养本民族的彩调演员。

角色

彩调剧主要有生、旦、丑三大行当。

生行 又细分为小生、老生、娃娃生三类。小生多饰正面人物，如机智勇敢、活泼可爱的有志青年，表演唱、做、念、舞并重，以演载歌载舞的小戏居多，其中不少角色原为丑行应工，1949年后，因丑行面部化妆涉嫌丑化劳动人民而改由小生行应工。如《王三打鸟》的王三等角色即是。老生多饰年事已高的正面人物，鹤发白须（贴须），重唱功。如《五子图》的许凤山、《土地帮工》的土地神等。娃娃生饰未成年的小孩，如《王麻接姐》的王麻，《狗保闹学》的狗保及学童等。演出时，常以学员扮演，或由花旦、小生代角。

现代大型彩调剧《刘三姐》

现代大型彩调剧《刘三姐》

旦行　分花旦、正旦、老旦、摇旦四类。花旦常演载歌载舞的戏，表演敏捷优美，活泼热烈、俏丽可爱，唱、做、舞并重。如《王三打鸟》的毛姑妹，《刘三姐》的刘三姐等。正旦言行稳重，举止端庄，以唱、做见长。如《换子记》的庞氏，《下南京》的三妹，现代戏《三朵小红花》的妈妈等。有时也饰性格开朗、办事泼辣的人物，其表演近于摇旦，如《双打店》的孙二娘，《塑菩萨》的张二嫂等。老旦所饰人物有白发持杖的婆婆和一般老妇人，性格多样，身份不一，均以唱、做为主。如《娘送女》的妈妈，《媳厉婆》的婆婆等。摇旦又名丑旦，多饰泼辣的店二嫂、媒婆和巫婆等人物，表演重念白和做功。如《刘三姐》的媒婆、《凉亭斗火》的二嫂子、《恶媳变牛》的媳妇等。彩调剧中，旦行的剧目很丰富，有“无旦不成戏”之说。

丑行　还分正丑、烂丑、褶子丑三类，丑行的表演富于特色，剧目较多。

唱腔　彩调唱腔属联曲体，分板、腔、调三大类。

板　有诉板、哭板、骂板、忧板等。

调　有比古调、走马调等。

腔　按角色行当定腔的有小生腔、旦角腔、丑角腔、摇旦腔、老生腔、娃仔腔；按人物身份、职业而分的有相公腔、化子腔、梅香腔、媒娘腔、和尚腔、强盗腔、神仙腔等；按劳动和日常生活分的有挑担腔、划船腔、挖地腔、梳妆腔、饮酒腔等。

此外，彩调唱腔中还吸收了一些流行于江南一带的民间小调，如鲜花调、十月花等。

道具

扇子、手巾、彩带，被认为是彩调表演的三件宝。其中扇子是主要的一件，用舞扇花来表达情绪的有三打五动、圆球扇、高低扇、蝴蝶扇、摆扇、摇扇、波浪扇等，还可当作扫帚、火炬、画卷、匕首、铁锤等，故有“万能道具”之称。

音乐

彩调的音乐伴奏分左、右场，左场为弦乐，右场为击乐。

弦乐 有调胡（也叫大筒，类似二胡）、扬琴、琵琶、三弦、唢呐、笛子等乐器，以调胡为主奏。

击乐 击乐的锣鼓曲牌较简单，常用的有三点头、一条龙、一钹、四钹等。同一曲调，可以根据行当、人物和表现生活的不同，在板和腔上加以变化，故有“调多共用，板腔细分”之说。

特色

彩调表演艺术富有地方特色，在“三小戏”中最为突出。如步法、扇花、转身、亮相和旦脚特有的指法等，就各有数十种。单是丑脚步法就分矮桩、中桩、高桩三大类，其中，矮桩应用最广。彩调剧《刘三姐》被认为是其成功的范例。

三月歌魂

“圩”文化是壮族人生命中不可或缺的部分。壮族的“圩”，好比别的民族的“街”“集”“场”“会”等，具有同样的功能和概念。壮族对圩的理解，还有很多人欢聚在一起热闹的意思。然而，壮族古代的歌圩一般是不从事货物交易的。现代的歌圩，也会引来摊贩，从事一些商贸活动。

壮族人说“只要留得嘴巴在，不死还要唱山歌”。农历三月初三，是壮族的传统歌节、情人节和清明节。“三月三”期间，壮族人除了祭祀扫墓之外，最主要的活动就是赶歌圩，到歌圩去对歌，去会情人。壮族每年都有数次定期的民歌集会，如正月十五、三月三、四月八、八月十五等，但唯有“三月三”最为隆重、热闹。1985年，广西壮族自治区人民政府顺应民意，将三月三定为壮族歌节。

知识链接 **歌** 壮话称为“欢”。唱山歌，则称为“谷欢”，有些地方称“龙峒”或“嘹欢”“窝墩”“窝岩”，古人也有“墩圩”一说。

歌圩活动的内容

“三月三”这一天，几乎每个壮族人家都杀鸡宰鸭，做五色糯米饭，染上彩蛋，欢度节日。参加歌节活动一般要持续两三天，地点在一些约定俗成的乡镇或者村落。前来参加歌节活动的人们基本上以未婚男女青年为主，但也不乏来看热闹的老人和小孩儿。壮族地区的歌圩，小规模的有一两千人，大的歌圩达数万人之众。一个较大的歌圩，往往会吸引来自方圆百几十里的青年男女和歌迷。

田阳敢壮山壮族三月三对歌

女歌手

歌圩上，人们用竹子和布匹搭成歌棚，用以接待外地歌手。

关于歌棚，传说是以前有一个壮族英雄，为了抵抗外族入侵死在疆场上，但按习俗又不能入家祭奠，人们只好在野外搭棚，将他的灵柩置于棚内凭吊。众人围绕在四周，用歌声来缅怀他的功绩。逝者如斯，英雄早已化成泥土，但壮人依然对他如此虔诚，依然痴迷于歌，效忠于情，实在是难能可贵。

壮族歌圩形式也多种多样，其中节日性歌圩，一般在农历正月至五月，秋季的八九月间的各种节日里举行；临时性歌圩则是随兴而唱，在劳作场所、赶圩、婚娶、宴席，甚至欢乐痛苦之时都唱；此外还有民间组织的各类竞赛性歌圩。节日到了，或者谁故亡了，要纪念谁了，就组织一场歌会。

对歌

歌圩活动的内容，主要有三个方面：一是歌圩结情，即史上说的倚歌择配；二是赛歌赏歌，有盘歌、猜歌、对子歌、连故事、抢歌、斗歌等；三是自娱性歌圩，歌圩期间同时举行抛绣球、抢花炮、演壮戏、耍杂技、舞彩龙、舞彩凤、唱桂剧等活动。

壮区著名的传统歌圩

南宋周去非的《岭外代答》载，壮人“迭相歌和，含情凄婉……皆临机自撰，不肯蹈袭，其间乃有绝佳者”。宋《太平寰

东兰巴英民间歌圩

宇记》中也记载："壮人于谷熟之际，择日祭神，男女盛会作歌。"这说明，当时的歌圩已经相当兴盛。1934年编的《广西各县概况》记载，当时广西有歌圩活动的地方就有多达26个县，几乎遍布广西各地。

壮区比较著名的传统歌圩有巴马的盘阳河畔、都安的棉山、田阳的乔业、田东的仰岩、宜山的下枧、柳州的鱼峰山、武鸣的灵水、宾阳的甘棠等。近年来，田阳的敢壮山、靖西的旧州、宜州、广南、富宁等地歌圩也有后来居上之势。

在宜山、罗城、柳州一带，人们在对歌之前，往往先要举行祭奠歌仙刘三姐的仪式，并由青年男女簇拥其神像游行一周，祈求她赐予歌才，保佑三月三歌节人人对歌如意。祭过刘三姐，便争相亮开歌喉，相互对唱，歌声此起彼落，通宵达旦。

歌圩与绣球

壮族人赶歌圩，除一展歌喉、纵情歌唱，尽情进行赛歌、盘歌、赏歌之外，另一个重要的活动便是交际，未婚男女往往通过歌圩找到自己的意中人。在歌圩这个盛大的交际场上，绣球和彩蛋便成了人们必不可少的定情工具。

壮族老歌王

壮族人玩绣球，以抛绣球为乐，也不是近一两百年的事了。

南宋人朱辅所著的《溪蛮丛笑》，对歌圩的抛绣球活动描述道："土俗节数日，野外男女分两朋，各以五彩新囊豆粟，往来抛接，名为飞纶。"周去非在《岭外代答》中也说："上巳日（三月三），男女聚会，各为行列，以五色结为球，歌而抛之，谓之飞纶。男女目成，则女受纶而男婚已定。"所谓飞纶，就是今天的绣球。

绣球是那些心灵手巧的姑娘们在节前赶制的工艺品，制作工艺十分精巧，用料也很讲究。细心的人一定会观察到，绣球是由12片花瓣连结成的一个圆形球，其实每一片花瓣都代表着一年中的某个月份，上面绣有当月盛开的花卉。然而，绣球并不一定都是圆的，有些地方也有方形、多角形的绣球。绣球内一般都装入豆粟或棉籽之类的填补物，以保持一定的重量。绣球上连着一条绸带，下坠丝穗和装饰的珠子，象征纯洁的友谊与爱情。

绣球

歌圩与刘三姐

壮族歌圩文化与一个人密不可分，此人就是刘三姐。歌圩文化不仅催生出了家喻户晓的电影《刘三姐》，还出现了刘三姐文化现象。“一把芝麻撒上天，壮乡山歌万万千；如今广西成歌海，都是三姐亲口传。”说的就是刘三姐现象。

三月三歌圩与刘三姐是一种机缘。壮族天生爱唱歌，有自己的歌节，还有歌仙刘三姐。这是壮族的幸运。

刘三姐与始祖布洛陀一样，已然成了壮族歌迷的另一个精神支柱。

羽人的舞蹈

壮族人能歌善舞，其舞蹈来源于原始宗教的崇拜和对狩猎的模仿。经过文艺家的加工创作，逐渐形成壮族自己的一种艺术形式。

壮族民间舞蹈，多为源自生产生活，模仿劳动动作。据统

知识链接 壮族舞蹈历史悠久，最早与巫师酬神、大型祭祀活动有关。左江花山壁画中羽人舞蹈动作，其实就是当时壮族先民对蛙神的崇拜。这种舞姿的形状是两臂张开弯肘上举，两腿蹲成弓步，动作粗犷有力，富有特色，被称为蛙形舞姿。魏晋时代，僚人祭鬼神时，跳鬼鼓舞。宋代桂林及桂北民间有傩队，戴假面具跳酬神舞。巫舞一直流传到1949年前，分为师公舞和巫觋舞，是迷信活动的一部分。师公舞戴鬼脸壳，每个神一个，多达30多个，且每个神有不同的动作和唱词。巫觋舞是巫婆装神弄鬼时跳的，手舞足蹈，做神魂附身状。

▲

千人竹竿舞

计，表现劳动和爱情生活的舞蹈多达几十种。史学家黄现璠认为，“秦汉时期，壮族先民的音乐舞蹈出现了一个前所未有的繁荣局面。汉代墓葬出土的实物有铜鼓、铜钟、羊角钮钟、木腔皮鼓、瑟、笛等。此外，贵县罗泊湾一号土坑木椁墓出土了一份名为《从器志》的随葬品清单，上面写有‘栓’‘越筑’等乐器。由此表明，当时壮族先民的音乐舞蹈十分繁荣。”

壮族舞蹈主要有铜鼓舞、火猫舞、翡翠舞、扁担舞、春堂

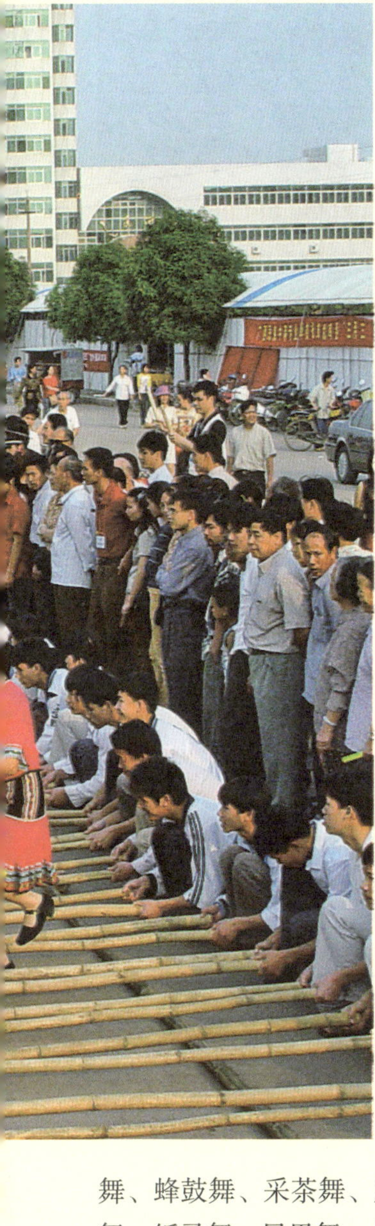

布泉社区文艺队表演舞蹈《壮乡织布》

壮族蚂蜗节舞蹈

舞、蜂鼓舞、采茶舞、戽斗舞、绣球舞、捞虾舞、桃叶舞、斑鸠舞、纸马舞、凤凰舞、竹竿舞、板鞋舞和田阳舞狮等。

扁担舞

又称壮族打扁担，流行于广西武鸣、都安、马山、东兰、南丹等县。每年农历正月初一至元宵节期间举行表演，场地多是在村前的晒谷场上。表演者有4人、6人、10人、20人不等，均取

凌云朝里三月三歌圩壮族对歌

双数，表演者多为妇女。出场表演时，舞者手持扁担，相向而立，围着一条长3米多、宽0.33米的木槽或板凳，大家口喊呼，于是上下左右相互打击，边打边唱边舞，模拟农事活动中的耙田、插秧、戽水、收割、打谷、舂米等姿势动作。舞者时而双人对打，时而四人交叉对打，时而多人连打，有站、蹲、弓步、转身打等，轻重、强弱、快慢错落有致，动作优美自然，整个舞蹈优美清新。1955年，扁担舞参加全国群众业余歌舞观摩大会表演，获优秀奖。

捞虾舞

流行于广西德保、靖西县一带。它形象地描绘了壮族女青年在明媚的春光下，到小河去捞虾，遇上几个男青年在河边钓鱼的情景。表演的动作以捞、扒、掏为主，一般形式是，两个男青年手拿钓鱼竿，背着鱼篓，在河边钓鱼。不多时，来了四个女青年，她们手拿捞绞，腰系鱼篮，下河捞鱼虾。男的向女的打招呼，对唱情歌。男女一问一答的嘹亮的歌声中，男女双方翩翩起舞，队形变化3次，对唱3次，场面挑逗热烈。

翡翠鸟舞

流传于柳州、武宣、象州等地。道具用竹篾制成鸟形，外糊绿绸缝以绿绒线做羽毛。当地人喜爱翡翠鸟毛色碧绿，啼声清脆，性情温和，视其为吉祥的象征。春节期间，一男子扮翡翠鸟，另一人扮老者，率鸟到各家各户拜年演出祝福。表演时舞者进道具内，两手分执或勾住鸟头、眼、嘴、翅膀操纵杆，鸟头转动，眼张合，嘴作响，表现飞翔、觅食、饮水、洗澡、瞌睡等亲切、动人的动态。舞毕还从道具上拔一根“羽毛”送给主人，祝愿主家人丁兴旺，主人酬以酒肉或红包。

壮族舞蹈是典型的反映生产生活的舞蹈，具有极高的欣赏价值和艺术价值，是壮族人民的艺术智慧和文化创造。

明秀園

第七章
历史名人
光耀中华

壮族聚居的南方地区虽然远离中心文化，但由于数千年历史文化和险峻生存环境的孕育，造就了壮族人忠诚质朴、坚韧不拔、勇往直前的性格。历史上曾经涌现出一大批壮族人民的杰出代表和优秀儿女，他们是中华民族宝贵精神遗产的一部分。

岭南地区俚人领袖——冼夫人

冼夫人（512—602），南北朝岭南地区俚人领袖，高凉郡（今广东恩平一带）俚人。“俚”为壮族古称之一，故冼夫人为壮族人。冼氏世代均为南越族首领。

冼夫人铜像

冼夫人出生于阳西（今阳江）冼村。535年，她约20岁时与高凉太守冯宝结婚，婚后常和冯宝一起处理政事。她辅佐冯宝平息广东地区汉越冲突，增进民族和解，并招引海南岛各族部落归附梁朝。548年发生侯景之乱，隋文帝派兵进剿各国，促进统一。

550年，高州刺史李迁仕阴谋反叛，冼夫人洞察其奸变，并突出奇兵大败李迁仕。冼夫人用计从高凉郡治古城（今阳东县）率众，佯作献礼，往州府（今阳江），出其不意击败了李迁仕。之后她又率兵到达赣石（江西某地），与陈霸先会师。平叛中，她结识梁都督陈霸先，她认为陈霸先是个能平息世乱的人，大为赞赏。冼夫人也因协助陈霸先擒杀李迁仕被梁朝册封为“保护侯夫人”。557年陈霸先称帝，成立陈朝。

陈永定二年（558），丈夫冯宝病逝世，岭南大乱。冼夫人凭着自己的威望，劝服、团结百越，使社会安定了下来。太建二年（570）广州刺史欧阳谋反，将冼夫人儿子冯仆骗去做人质，欲诱迫她同反。危急之时，冼夫人不顾儿子生死安危，立即布兵拒境，并与陈朝军队全力击溃叛军。陈朝嘉其功，册封她为“石龙郡太夫人”。

588年，隋文帝派晋王杨广率50万大军出兵南下剿灭陈国，但岭南按兵不动。589年，隋灭陈，岭南数郡共举冼夫人为主，尊为“圣母”，并力劝独立，以保境安民。隋大军到了岭南边境，因畏惧冼夫人，逡巡遥望，不敢进犯，于是遣使者示以陈后主遗书和她所赠陈后主信物“扶南犀杖”。冼夫人方才知道陈朝已亡，于是派人迎隋师入番州（今广州），广西各地亦闻风归附。从此岭南地区全部归附隋朝，实现版图统一。朝廷为了表彰其顾大局识大义之举，册封她为“宋康郡夫人”。

隋开皇十年（590），番禺王仲宣造反，“诸州跟叛”，形势紧迫，冼夫人又出兵平叛。而“所到之处，闻风归顺”。平息叛乱后，将近70岁的冼夫人又亲自骑马护卫隋朝官员巡抚诸州。所到之处，各地首领都来拜谒和受爵，从此岭南地区完全得到了安定。隋文帝对冼夫人大为敬佩，册封为“谯国夫人”。

冼夫人将近80岁高龄时，还请示朝廷查办了番州（今广州）总管赵讷，并亲持诏旨巡历了十几个州，抚慰因赵讷贪财暴虐而亡叛的俚、僚人民。仁寿二年（602），冼夫人辞世，时年91岁，后被隋朝谥为“诚敬夫人”。新中国成立后，为了感念冼夫人历史功绩，周恩来总理曾誉其为“中国历史上第一位巾帼英雄”。

北宋广源壮族
首领之一——侬智高

侬智高（1025—1055），北宋中期广西广源州（今靖西）的少数民族首领。

侬智高出生于北宋时期安德州（今广西靖西安德镇），成年后与其父侬全福长期活动在广源州。他自小聪明过人，饱读诗书，是当时广源州唯一中举的才子。侬智高成年后，继其父位

侬智高石像

成为广源州首领。

史载，广源州“在邕州（广西南宁）西南，郁江之源”，是邕州所属44个羁縻州之一，隶左江道。该州物产富庶，尤以金矿为最，其“地产金一两，直一缣”。自宋初交趾（今越南北部）自立为国后，“广源虽号邕管西羁縻州，其实服役于交趾”。如1039年夏，广源州一次就被迫献给交趾一块重达112两生金。但“交趾赋敛无厌，州人苦之”。

庆历元年（1041），侬智高在傥犹州（今广西靖西县，时辖安德等州，不属广源州管辖）建“大历国”，与交趾李朝相抗衡。交趾郡王李德政不容侬氏家族的后代东山再起，出兵讨伐，侬智高力不匹敌，被擒后传至交趾京师。李德政念其父被诛，并未能征服侬氏势力，便把他释放回籍，又授以广源州知州衔，两年后又给他赐都印，封为“太保”。然而，侬智高并没有因此臣服交趾，反因屡受凌辱而“内怨交趾”。同时，侬智高向宋朝申请内附，以求获封官职统摄诸部，抗击交趾掠夺，但遭到朝廷冷拒。1045年，侬智高不得已在家乡安德州建立“南天国”，称仁惠皇帝，年号景瑞。

宋仁宗庆历八年（1048），侬智高的势力越做越大，逐渐控制了右江南岸一大片地区。同年，他以勿恶洞（今广西靖西）为根据地，开始同交趾决裂。交趾命太尉郭盛溢前往征讨，兵败而归。打退郭盛溢的军事进攻之后，侬智高于宋仁宗皇祐元年九月乙巳（1049年10月4日），首次试兵广南西路重镇邕州，宋仁宗赵祯诏江南、福建等路以备。是年十二月甲子（1050年1月1日）还派高怀政督辅进入邕州的侬智高部众。

次年二月丙戌（1050年3月24日）广南西路钤辖司在邕州罗徊峒（今广西龙州西北）置一寨，作为阻扼侬智高的屏障。不久，交趾又发兵攻打侬智高，侬寡不敌众，率部遁伏山林。宋朝廷知悉后，便责成广南西路“诏本路严备之”。

此后，侬智高曾经先后四次向宋朝请求归属，要求给个一官半职，谋求庇护。但屡遭宋朝廷拒绝。北宋朝廷这一系列行动，点燃了侬智高起兵反宋的导火索。

宋仁宗皇祐四年（1052）四月，侬智高率5 000起义军沿右江东下，一举攻下了右江上游的横山寨（今广西田东）。为了激发斗志，取得下层群众的支持，侬智高就地劫富济贫，“略其寨人，因其仓库而大赈之”。

是年五月乙巳（1052年5月31日），侬智高率兵直抵邕州（今南宁）城下，与事先安插入城的内应里应外合，一举拿下重镇邕州。占领邕州城后，侬智高在此建立“大南国”，自称“仁慈皇帝”，年号“启历”。同时大赦境内，起义军队伍得到了很大的扩充，兵员顿增至1万多人。

此时的侬智高心高气傲，虽然夺下邕州，但与梦想中的“大南国”疆域相差甚远。为此，在邕州只停留了短短8天时间。五月初九，侬智高“大南国”大旗一挥，又开始了东征与北伐的征程。

经过休整与扩充，起义军士气十分高涨，乘船继续东进，并一举攻下横州（今横县）、贵州（今贵港）、浔州（今桂平）、龚州（今平南）、藤州（今藤县）和梧州。随后又拿下封州（今广东封开）、康州（今广东德庆）、瑞州（今广东高要）。5月26日，起义大军浩浩荡荡地直抵岭南重镇广州城下。这时的起义大军，也从举事时的5 000人增至近3万人。

壮族祠堂

然而，广州毕竟是南海大邑，城固兵多，加上台风作祟，侬智高在这里打了一场旷日持久的攻坚战。围攻57天后，侬智高决定放弃攻打广州，挥师北上。之后又转战湟州（今广东连山），直指桂中和桂北。令那里的守军溃不成军，闻风丧胆。贺州之役，起义军接连斩杀了两个著名宋军将领——广南东路钤辖张忠和广南东西路钤辖蒋偕，战绩辉煌。

义军的节节胜利使宋朝廷极为恐慌，宋仁宗赵祯赶紧任命枢密院副史狄青为征南节度使，统领20万精锐大军南下镇压起义。宋军的先锋是赫赫有名的杨家将传人杨文广，此外还有一支骁勇的西夏吐蕃骑兵。

侬智高很快就得到了宋军重兵压境的消息。于是放弃了北上与宋朝廷议和的念头，在占领全州后，毅然做出了回师邕州的决定。南下途中，义军兵锋一路先后攻破桂州（今桂林）、柳州和宜州。这时候狄青的先头部队已经杀到，先锋杨文广率兵在桂州附近与起义军打了一场遭遇战。战斗十分激烈，宋军受到重创，杨文广部险些被义军包围。侬智高不敢恋战，依旧班师南下。抵邕州时，兵力仍然精锐。正当侬智高决心以邕州为据点，准备一边巩固后方，一边磨刀迎敌之时，狄青的大队人马也追杀到了宾州（今宾阳）。

狄青带领20万宋军前来追杀侬智高，显然是有备而来。侬智高方面虽然在两广所向无敌，只因没有遇到真正的强敌。而且转战数月，早已是一支疲惫之师。皇祐五年（1053）正月元宵之夜，在冷风细雨中，狄青精选的4万人马骗过了守在昆仑关上的义军，突然精兵天降，在距邕州只有20里的归仁铺与义军展开了一场厮杀。

这是一场力量悬殊的战斗。虽然两军刚交锋时，起义军先斩了宋军大将孙节，然而由于寡不敌众，战局很快发生剧变。宋大将贾逵抢占了高地，把在平地作战的义军一分为二。同时，狄青的骑兵发挥了作用，前后夹击侬军，不仅打死起义军5 000多人，还生擒了军师黄师宓、侬智忠（侬智高之弟）等义军将领150多名，彻底击溃了起义军。

眼看大势已去，侬智高只得放弃新都邕州，带领残部星夜一路向西，狄青穷追不舍。侬智高先是撤回老家广源，后又逃到了云南，东躲西藏。两年后，侬智高困死在云南省广南县附近的山洞中。

明朝抗倭巾帼英雄
——瓦氏夫人

瓦氏夫人（1496—1555），又名岑花。明归顺直隶州（今广西靖西）人，土官岑璋之女。

岑花16岁时，因父亲担心被田州（今广西田阳）土司岑猛侵扰，遂将她许配给岑猛为妾。因两人同姓，到夫家后岑花改称为“瓦氏夫人”。

瓦氏夫人自幼聪慧好学，能文能武，一面攻读诗书，一面习武练艺，还懂兵法，胸有谋略。她为人性情豪爽，好打抱不平，助人为乐。不幸的是嫁错了人，一生过着忍辱负重、孤苦伶仃的生活。

明嘉靖六年（1527），岑猛因袭扰四邻，残害无辜，被明朝廷派张经率兵讨伐。在这次战争中，岑猛长子岑邦彦战败身亡，他自己逃到了归顺州岑璋处，结果被大义灭亲的岑璋设计毒死。父子双亡，年幼的长孙岑芝便承袭田州土官。岑芝年幼，瓦氏夫人只好代理知州职务。她署理州事期间，励精图治，善理州政，发展生产，开办学校，安定社会秩序，赢得了族人的爱戴和拥护。明嘉靖二十九年（1550），岑芝被征调至海南岛，不幸战死疆场。于是，瓦氏夫人又担起了抚育岑芝之子岑大寿、岑大禄的重任。她一如既往地一边掌管政务，一边养育曾孙。

壮剧《瓦氏夫人》剧照

明嘉靖三十三年（1554），倭寇再次侵扰我国东南沿海，所到之处，烧杀掳掠，无恶不作。明朝廷委派兵部尚书张经总督抗倭事宜，张经曾经镇压过岑猛，深知“俍兵”（壮族土兵）的厉害，便急忙征调“俍兵”和湖南“土兵”（湘西土兵）前往东南沿海抗倭。曾孙年幼，国命难违，瓦氏夫人毅然请命出征。时值秋天，已经58岁的瓦氏夫人被授予“女官参将总兵”。亲率田州、归顺州、南丹州、那地州、东兰州俍兵共6 800余人，经广西、广东、江西、江苏、浙江等省，于嘉靖三十四年（1555）三月十三日，抵达前线金山卫。

趁俍兵初到立足未稳，倭寇出动3 000余人突然进犯金山卫，瓦氏夫人受命率队迎击，杀得倭寇四散逃命。俍兵初试锋芒，虽无斩获，但也令倭寇尝到了苦头。4月22日，倭寇4 000多人进犯嘉兴，瓦氏夫人又是一马当先，率领俍兵英勇杀敌。在友军的配合下，把倭寇包围在王江泾一带，一举歼灭倭寇3 000余人，给了倭寇以毁灭性打击，取得抗倭的首次大捷。在六月陆泾坝战役中，俍兵又斩获倭首300余级，烧毁倭寇船只30余艘，倭寇闻风丧胆。俍兵连连告捷，屡建奇功，大大鼓舞了抗倭军民的斗志。

然而，被史上称为昏君的嘉靖皇帝终日沉迷炼丹，不理朝政，把大权交给了奸臣严嵩。大权在握的严嵩伙同其义子赵文华狼狈为

瓦氏夫人墓为八棱柱形，墓壁有麒麟、纹虎、獬豸等石雕

奸，陷害忠良，将功勋卓著的张经残害致死后，连瓦氏夫人和俍兵也受到了株连。目睹了朝廷的昏庸黑暗，更是不满张经无辜被害，瓦氏夫人借口年老体病，于当年七月带着俍兵愤然踏上了回乡之路。

瓦氏夫人班师回田州后，不忘祭祀家庙，告慰亡灵，还厚恤随军的士兵。不久，身心俱惫的瓦氏夫人病逝于田州，享年59岁。后来也被谥封“诰命二品夫人”。

“花瓦家，能杀倭。”瓦氏夫人和俍兵虽然离开了，但这首歌颂她的民谣在江浙沿海却广为流传。瓦氏夫人不仅丰富了壮族古代兵法，还创造出了她自己的“瓦氏阵法”。明人邝露《赤雅》卷上《岑家兵略》中有载：“岑氏兵法，七人为伍，每伍自相为命。四人专主击刺，三人专主割首，所获首级，七人共之。割首之人，虽有护主击刺者之责，但能奋杀向前，不必武艺绝伦也。”当时的浙江巡御史胡宗宪亲眼所见俍兵作战，并在其著《筹海图编》中盛赞他们“能以少击众，十出而九胜”，“可死而不可败”。由此可见俍兵统帅瓦氏夫人善用“岑家兵法”以一当十之一斑。

瓦氏夫人创造的“瓦氏阵法”后来被收入明代抗倭兵书《江南经略》，影响并演变成了后来戚继光的“鸳鸯阵”。“瓦氏阵法”精髓由戚继光“鸳鸯阵”吸收后，被其著于兵法名篇《纪效新书》之中。其战例及兵法，20世纪80年代曾被台湾三军大学收入《中国古代战史》。

瓦氏夫人在战斗实践中创造的“瓦氏双刀功”，曾经在江浙一带广为流传。明末清初史学家、武艺家和武学学者吴殳据师傅口传，写了一首《双刀歌》，热情歌颂祖师瓦氏夫人的武功及其双刀功的威力，歌曰：

岛夷缘海作三窟，千万官军皆露骨。
石柱瓦氏女将军，数千战士授吴越。
纪律可比戚重熙，勇气虚江同奋发。

女将亲战挥双刀，成团雪片初圆月。
麾下健儿二十四，雁翎五十齐翁忽。
岛夷杀尽江海清，南纪至今推战伐。
天都侠少项元池，刀法女将手授之。
乙亥春杪遇湖上，霜髯伟干殊恢奇。
谓予长矛疏远利，彼已慎密须短器。
绥翠堂中说秘传，翔凤六月生双臂。

后来，吴殳又著《短降长说》一文，进一步阐述了“瓦氏双刀功”的特点及其在实战中的应用，称为“瓦氏双刀降枪法”。

金田起义核心领导人——萧朝贵

萧朝贵（1820—1852），广西桂平县人，金田起义核心领导人之一。

萧朝贵自幼随养父长大，在桂平县紫荆山区种田烧炭。清道光二十三年（1843），洪秀全创立拜上帝会，派广东人冯云山深入桂平一带传教，秘密组织起义力量。萧朝贵与好友杨秀清成为最早的拜上帝会成员。他们四处宣传教旨，积极动员群众参加拜上帝会。

萧朝贵像

道光二十八年（1848），冯云山被捕入狱，会众发生动摇。此时，萧朝贵与杨秀清假托天父、天兄托降，安定众心，坚持斗争。他首先神化洪秀全，要大家共同拥戴洪秀全为太平圣主，大力发展会众，号召会员同心同德，共扶真主。

萧朝贵一边积极设法营

救冯云山出狱，一边积极参与组织和策划金田起义。他亲自坐镇平在山，运筹帷幄，指挥起义筹备工作。他以极大的魄力组织会众，发展力量。首先动员自己的亲朋好友举义，焚烧房屋，以示义无反顾的决心。在此举动的影响下，其他会员也纷纷变卖家产，奔赴金田。

道光三十年九月（1850年10月），起义准备已趋成熟。次年1月11日，两万多名汉、壮、瑶等各族“拜上帝会”信众齐聚金田，在古营盘誓师竖起义旗，正号太平天国。打响了反封建反侵略的斗争。随后太平军占据大湟江口，首战击败清钦差大臣李星沅和提督向荣所率的清军。

3月10日，太平军由江口突围翻越紫荆山，到达武宣东乡。23日，洪秀全在东乡登基天王，诏封萧朝贵为右弼又正军师、前军主将。其位仅次于洪秀全、杨秀清两人，肩负着军事指挥的重任。

5月，萧朝贵等保护天王洪秀全进入象州，移营于中坪圩。7月，折回紫荆山。由于清军大举“围剿”，形势严峻，部分将士惧怕困难，悲观情绪严重，此时萧朝贵假托天兄传言，告诫将士“要同心同意，同打江山”，“尽忠报国”，他身先士卒，鼓励将士奋勇杀敌。

萧朝贵阵亡处石碑

9月11日，太平军出奇兵突袭官村，清将向荣全军覆没。萧朝贵统帅陆路大军，轻装疾进，抢关夺卡，发挥着先锋作用。9月20日，太平军挺进藤县大黎山区，25日，攻克永安州（今蒙山）城，进驻永安州。在此，部队一面休整，一面着手健全了官制，并初步确立了太平天国的政治军事制度。洪秀全下诏褒奖分封，分封东、西、南、北、翼五王和陛赏官爵800余人。萧朝贵被封为西王、八千岁。他甚得洪秀全器重，洪将其义妹洪宣娇嫁与他为妻。在这里，太平军以东王杨秀清、西王萧朝贵名义发布了《奉天诛妖救世安民谕》等三篇讨清檄文，号召民众推翻清朝统治，大家“同心戮力，扫荡胡尘”，实现“天下一家，共享太平”的社会。此番号召影响巨大，既分化孤立了敌人，又动员了三江两湖的天地会及广大贫苦农民加入太平军，使队伍迅速发展壮大。

1852年，太平军攻陷桂林，克兴安，攻全州，北进湖南。又连陷道州、江华、郴州、永明等地，攻克永兴、安仁、攸县、茶陵、醴陵，直抵长沙城下。9月11日，萧朝贵诱敌作战，破连营七八里，杀死清总兵福诚以下将领数十员，清兵千余人，击溃清军在长沙城外的防线。萧朝贵指挥天兵猛攻南门，弹片横飞，火光冲天。12日，萧朝贵在南门外妙高峰执旗督战，指挥炮兵轰击，不幸被敌军炮弹击中，虽经多方医救，仍未能治愈，壮烈牺牲，年仅32岁。

萧朝贵不仅谋略才智出众，而且作战骁勇，为太平天国革命做出了重要贡献，堪称太平天国的开国元勋。

两粤宗师——郑献甫

郑献甫（1801—1872），广西象州县寺村乡白石村人，原名存纻，别名小谷，自号识字耕田夫，是清代著名经师，诗坛名人。

郑献甫父亲是乡村私塾教师，他从小受父亲影响，生活俭朴，酷爱读书，博学好问，记性超强。清嘉庆二十年（1815），14岁的郑献甫参加童试，中秀才并考入州学。道光五年（1825），中拔贡举人。道光十五年（1835），他第四次进京考试，终于考中进士，任刑部主事。一年零两个月

郑献甫画像

后，他以双亲年老无人抚养为由，辞官回乡。

辞官后，郑献甫大半生献给“两广”的教育事业，被誉为“两粤宗师”。他先是在广西雒容（今鹿寨）设馆教学，后又创办广西德胜书院、庆江书院、榕湖书院、秀峰书院、象台书院、柳江书院以及广东顺德的凤山书院，并在广州越华书院等担任主讲。同治十一年（1872），郑献甫在桂林孝廉书院病逝，终年71岁。

侯珏著《两粤宗师郑献甫》书影

据《郑氏族谱》载，明熹宗天启年间（1621—1627），郑献甫先祖自直隶（今河北）迁至象州，传七世至曾祖郑郊，生六子，其伯祖郑名佐为第三，乾隆朝进士。其祖父郑名仕为第四，40岁时才生献甫父郑珊。郑珊，乾隆朝诸生，“授徒于家，力务实学，心思妙绝，每讲经义，作为文章，多有独得之奇”。娶妻高氏，继室张氏，张生二子，献甫为长，弟存缁早亡。献甫有云：“余先世未尝仕宦，亦未尝经商，所遗者田宅而已耳。然先大夫间为教习，所得不过数十金，先宜人劳于田，家妇所入亦不过二百石，朝夕所需，安贫守素，别无营谋。”

由此可见，郑氏家境并不十分富裕。郑献甫描述说，“郑之受氏凡数千年，而居象才数百年。在其前者值鼎革，已轶无考矣。八世为吾祖，行始有登第者；九世为吾父，行始有出仕者。然亦第承先德，力田读书，乡校不绝声耳，非有焜耀之势，阀阅之荣也。而乡人语吾族属必推郑氏，语家范亦推郑氏。”

郑献甫自幼勤奋好学，“少颖悟，遵庭训，才思敏捷，天资颖异，博闻强记”。“十岁读五经，又三年读九经，甫入童子军，即补弟子员，年二十有五，始为拔贡登贤书，三十有五始成进士官比部。自念少无宦情，又亲届高年，乞假归，丁内外艰，遂不复出，浮沉乡里，教授诸生。”他中年得志，却不留恋官场荣华富贵，宁愿回乡一面孝敬父母，一面办教讲学，委实难能可贵。

同治六年（1867），广东巡抚郭嵩焘以“学深养邃，通达治体”奏请朝廷，邀请郑献甫赴广东差遣委用，但他无意出山，以年老为由请广西巡抚张凯嵩代为上奏，才得以免去广东任职。但是，张凯嵩仍以其“学识兼优，淡怀荣利，孝友廉洁，楷模士林，合请给予恩荣，以资矜式”。郑献甫虽然极力申辩不再做官，但朝廷仍以“孝友廉洁，守正不阿”赐他五品卿衔。

次年，应乡人邀请，郑献甫主讲象台书院，协助知州李世椿清理田赋，推行“一条鞭法”，并受聘《象州志》总纂。同治八年（1869），受聘主讲柳江书院。九年（1870），《象州志》编成，次年刊印。十一年（1872）郑献甫主讲桂林孝廉书院。一个秋日，郑献甫游七星岩后觉腹胀，病数日不起，10月30日逝世，享寿七十有一。

郑献甫著《四书翼注论文》

郑献甫一生著作丰富，经学及文集有《四书翼注论文》12卷，《愚一录》12卷，《补学轩文集》散体4卷、骈体2卷，《续刻补学轩文集》散体4卷、骈体2卷，《补学轩文集外编》4卷。诗集主要有《鸦吟集》《鹤唳集》《鸡尾集》《鸥闲集》及《幽女集》。纂刻《象州志》。

在他的著述中，对当时皇帝和各级官吏的黑暗腐败，都有深刻的讽刺和揭露。咸丰五年（1855）所写《醉钟馗图》，讽刺皇帝是喝醉酒不管事的“九重醉帝”，各级官吏“酒香半是溺人血”，吸食民脂民膏。他最后疾呼：“此辈欲除何日了？”

一门三总督——岑毓英、岑毓宝、岑春煊

岑毓英

岑毓英（1829—1889），字彦卿，号匡国，广西西林县那劳村人，上林长官司岑氏土司后裔。

岑毓英自幼聪颖好学，文武双全。16岁应童试，位列西林县第一名。再赴泗城府试取列第一名，后赴奉议州院试取入县学附生第一名。20岁时父亲病逝，岑毓英中断学业，开始接管祖业。清咸丰初年，岑毓英出任西乡团总，因平息农民起义有功，被保举为候补县丞，继而以候补县丞身份率领团练入滇参加平息云南农民起义。在镇压起义的一系列作战中，岑毓英屡建奇功，官运由此亨通，步步晋升。

岑毓英墓碑

咸丰九年（1859）岑毓英署宜良知县、路南知州；咸丰十年（1860）署澄江府知府；同治元年（1862）功迁云南布政使，加按察使衔；同治七年（1868）授云南巡抚；同治十二年（1873）兼署云贵总督；光绪五年（1879）任贵州巡抚，加“兵部尚书”衔；光绪七年（1881）任福建巡抚，督办台湾防务；光绪九年（1883）任云贵总督。

光绪十五年（1889），岑毓英病逝，追晋太子太傅，谥号“襄勤”。

在平息云南回民起义期间，岑毓英一改前任督抚“妄为杀戮”、“劳而无功”的做法，采取“剿抚并用”、“避坚攻暇”、“恩威并施”的策略，历经十多年努力，最后攻占大理，结束了旷日

持久的战乱。同时采取豁免积税、垦荒减徭、恢复冶炼、修明学校、教化民风、整肃吏治等一系列措施，使云南由大乱进入大治。岑毓英成功治滇，获得了清朝廷的赏识和重用，由云南巡抚兼署云贵总督，“赏穿黄马褂”加“太子少保”衔，并改“骑都尉”为“一等轻车都尉”世职，成为朝廷倚重的“中兴名将”。

梁福著历史传记小说《岑毓英》书影

同治十三年（1874）至光绪元年（1875），英国军队图谋从缅甸入滇侵华，派出军官柏郎率领近200人的武装远征队，与潜入云南的英驻华使馆翻译官马嘉理里应外合，擅自窜入中国云南境内，受到边民坚决拦阻。马嘉理指挥卫队枪杀边民数人，被边民奋起击杀（史称“马嘉理事件”）。岑毓英对英军图谋及动向早有防范，闻讯后即调兵阻止柏郎入境，并将英军逐回缅甸。英国借此向清朝廷施压，要求清朝廷将岑毓英及其属下“犯官”一并提京审讯。光绪二年（1876），岑毓英借继母病故，报请朝廷解任回乡避风。

光绪五年（1879），岑毓英奉旨进京，光绪皇帝三次召见。在此后的十年间，岑毓英先后出任贵州巡抚、福建巡抚、云贵总督等职。在福建巡抚任上督办台湾防务，两次赴台，深入民间考察，组织军民修筑台北防御工事、兴建台西大甲溪水利工程和开发台东山区，为抗击外敌入侵、发展台湾经济做出了积极贡献。岑毓英有诗云：“甲溪如海阔茫茫，痛涉民间历是伤。昔日帝封今有奠，狂澜自此庆安详。”

二度担任云贵总督期间，岑毓英主动请缨出关抗法，在西线战场指挥滇军与刘永福黑旗军并肩战斗，先后取得宣光、临洮等一系列战斗战役的胜利，有力策应了东线战场冯子材的作战，沉重打击了法国侵略军的嚣张气焰。中法停战后，岑毓英抱病参加中越边境的勘测划界工作。

岑毓英担任云贵总督时，当地一些文人误以为他一介武夫不通文墨，设局在宴席中轮流即席赋诗以难为他，不料反被岑毓英赋诗一首，讽刺道：“只习干戈不习诗，诸君席上命留题。琼林宴会君先到，塞外烽烟我独知。剪辫续缰牵战马，割袍抽线补征旗。貔貅百万临城下，谁问先生一首诗？”

岑毓宝

岑毓宝（1841—1901），字楚卿，岑毓英同父异母弟弟，广西西林县那劳村人。

岑毓宝少年从军，自岑毓英率领团练入滇时起，一直跟随兄长左右，在帷帐中学习文化、研习兵法，在军旅中逐渐成长为足智多谋、骁勇善战的一代名将。历任统带、统领、道员、福建盐运使、云南按察使、云南布政使、代理云贵总督等职，曾获清朝廷赐予“额图珲巴图鲁”（满语勇士）称号，赏戴花翎，官居二品。死后例授“资政大夫”。

咸丰九年（1859），18岁的岑毓宝跟随哥哥岑毓英第二次征战云南，连克汤池、宜良，平息了马鸿先、马良玉等农民起义，因战功被授予统带一职。咸丰十年（1860），岑毓宝统率所部为先锋，又连克路南、澄江等州县。咸丰十一年（1861），以马复初、马如龙为首领的回民起义军对昆明发起第三次围攻。岑毓宝向哥哥岑毓英献计“招抚”，促成了马如龙、马复初“率众就抚”，兵不血刃地解除了昆明危机。清朝廷论功行赏，岑毓英升任云南布政使，岑毓宝也晋职统领。

此后，岑毓宝在协助哥哥岑毓英滇境平乱、主政治黔、督办台湾防务、抗法战争等一系列重大事件中，逢战必冲锋在前，血染战袍；逢治又良策迭出，成效显著，成为岑毓英得心应手的左右手。在岑毓英担任贵州巡抚期间，岑毓宝积极支持哥哥“革除

一门三总督之故乡——那劳村

积弊”，建议修建乌江铁索桥，提出革除部分土司世袭职改土归流，在各府厅州县设立“义学”教化民众，选拔苗族官员实行“以苗治苗”政策等一系列改革措施，有效促进了民族和解和社会发展。

在协助岑毓英督办台湾防务期间，岑毓宝提出修筑台北城垣、碉堡和增加防守力量，重用当地长老负责地方事务，团结安抚高山族同胞并帮助发展生产，疏浚台西河流大甲溪根治水患等一系列建设性意见，均被岑毓英采纳并付诸实施。

在抗法战争中，岑毓宝随岑毓英请缨出关援越抗法，挥师连克越南的馆司、镇安、清波、夏和等县，威逼河内。又奉命亲率10营兵力发起宣光临洮战役，斩杀法军将领数十名，歼灭“白帽红衣”（法正规军）、“花衣”（法雇佣军）共7 000余人，缴获大批洋枪洋炮。岑毓宝在战斗中创造的“地营”战术（即地道战）、“滚草龙”战术，成为我国近代军事史上创新发展的典范。中法战争结束后，岑毓宝受令率队出白马关，参加勘划中越国界。

光绪十五年（1889），岑毓英在云贵总督任内病逝，由岑毓宝代理云贵总督职务。因北洋军阀对岑毓宝掌握西南军政大权存有戒心，遂派新总督前来接任，其仍留任云南布政使职。自此，岑毓宝对清廷心怀不满，促使他思想倾向变法维新派。1895年，岑毓宝趁云贵总督赴京为慈禧太后六十寿辰庆贺之际，在云南处决了几个后党党羽，然后辞官回老家西林县那劳村，与族兄岑毓灵等组织“维新团”，并派人到泗城、广南、兴义、安龙等地发展组织。不久，“百日维新”失败，乡亲们唯恐祸殃及身，纷纷疏远逃避。岑毓宝理想落空，悲愤抑郁，遂吞金自尽。岑毓宝死后，清朝廷虽知其支持维新变法运动，但念他有功于朝廷，仍例授岑毓宝为“资政大夫”。

西林岑氏家族古建筑复原全景图

岑毓宝颇有文才，光绪四年（1878）主纂《西林岑氏族谱》（共10卷）。

岑春煊

岑春煊（1861—1933），原名春泽，字云阶，别署炯堂老人，世人称“岑西林”。云贵总督岑毓英之子。清末，历任五品京堂候补、光禄寺少卿、太仆寺少卿、署大理寺正卿、广东布政使、甘肃按察使、陕西巡抚（一品顶戴）、山西巡抚、四川总督、两广总督、云贵总督、邮传部尚书；民国时期任护国军都司令、军务院副抚军长（代行抚军长职）、广东护法军政府主席总裁等职。1920年寓居上海。1933年病逝。

岑春煊 ▶

岑春煊少时“随宦读书”，在北京寄居大太监李莲英家，因缺乏管教，曾与寓居京城的黑龙江将军恭镗之子瑞徵、广西巡抚劳崇光之子劳子乔一起被称为“京师三恶少”。远在云南的岑毓英闻悉儿子恶行，甚为震怒，快马传书勒令岑春煊返回广西参加乡试。岑春煊浪子回头，于光绪十一年（1885）在桂林乡试中举。光绪十四年（1888），岑春煊捐献筹建海军银子数千两，补任工部郎中。父亲岑毓英去世后，岑春煊荫袭以五品京堂候补。光绪十八年（1892）补授光禄寺少卿，旋迁太仆寺少卿，署大理寺正卿。

光绪二十四年（1898），岑春煊在康有为影响下成为维新变法激进人物，直接上书光绪皇帝，主张对内外冗滥官员进行裁汰，“务使人历一官，皆有职守之事，不至虚设一位，徒縻厚禄”。岑春煊的建议深得光绪皇帝赏识，因此被擢升为广东布政使。

光绪二十六年（1900），调任甘肃按察使。是年，八国联军攻陷北京，慈禧太后和光绪皇帝仓皇出逃，岑春煊闻讯后首先率部千里勤王，护送慈禧和光绪皇帝安全抵达西安，因而获得慈禧的好感，擢升陕西巡抚、赏赐一品顶戴花翎。光绪二十七年（1901），调任山西巡抚，推行“富国强兵”新政，组织筹建山西大学堂。光绪二十八年（1902），署理四川总督。光绪二十九年（1903），调任两广总督。光绪三十年（1904），岑春煊上疏请求立宪。光绪三十一年（1905），岑春煊又与袁世凯、张之洞等人上疏请求废止科举。

光绪三十二年（1906），岑春煊支持张謇等人在上海组织预备立宪公会，并派幕僚郑孝胥出任会长，一时成为立宪运动的领袖人物。是年，把持朝政的宿敌庆亲王奕劻以云贵一带平乱需要为借口，将岑春煊调任云贵总督，岑春煊称病拒不赴任。光绪三十三年（1907）三月，岑春煊进京晋见慈禧，获授邮传部尚书。不久又被外放两广总督，岑春煊途经上海时称病拒不赴任，旋即被奕劻、袁世凯利用慈禧下旨开缺，史称“南岑北袁”的党争终以奕劻、袁世凯取胜而结束。宣统三年（1911）辛亥革命爆发，岑春煊被朝廷重新起用为四川总督，但岑春煊仍以养病为借口推托没有到任。

岑春煊铸发的八品功牌

民国元年（1912），岑春煊在上海致电袁世凯主张共和，并组建国民公党，任名誉总理。民国二年（1913），岑春煊与伍廷芳、谭人凤等致电袁世凯，要求和平解决南北冲突，遭到拒绝后毅然加入反袁行列，支持孙中山发动“二次革命”，并任各省讨袁军大元帅。“二次革命”失败后，岑春煊流亡南洋。民国五年（1916），岑春煊被广西都督陆荣廷派员迎归上海，并被推举为护国军都司令。后又与梁启超等在广东肇庆成立军务院，被推为副抚军长（代行抚军长职），参加护国运动。民国七年（1918），任广东护法军政府主席总裁。民国九年（1920），广东护法军政府解散，岑春煊通电辞职，在上海隐居。民国十三年（1924），孙中山到上海拜晤岑春煊，形成了有利于北伐的统战态势。民国期间，岑春煊捐资3万元支持第十九路军抗日。1933年4月，岑春煊在上海病逝，终年72岁。

岑春煊在清末民初的政治舞台上为官30余年，是我国近代历史上具有重大影响的政治人物之一。他致力推行新政，相继成为维新立宪、丁未政潮、二次革命、护国与护法战争的主要派别代表人物之一，直接参与了否定传统封建专制和否定北洋军阀共和的斗争。曾积极营救过中国共产党领导人陈独秀。明确反对蒋介石的独裁专政，抨击蒋介石“如不改弦更张，足以断送国家而有余”。他是当时国内各省封疆大吏中兴教办学成效最显著者之一。如在山西创办山西大学堂；在四川创办四川高等学堂、成都警察学校、武备学堂；先后创建两广学务处、广东将弁学堂、军医学堂、陆军测绘学堂、林业学堂、巡警教练所、两广优级师范学堂、陆军中小学堂、法政学堂、两广实业学堂、蚕业学堂、女子师范学堂、广西高等学堂等10多所西式学堂，出资扩建家乡广西西林县南阳书院，捐资2 000两银子作为学子赴广州考试费用的基金，拨款兴建“泗色中学堂”（今广西百色中学），为广东、广西的近代教育发展打下了重要基础。

那劳岑氏建筑群之增寿亭

岑春煊疾恶如仇，铁腕肃贪反腐，到哪里主政，便在哪里掀起肃贪反腐风暴。在担任广东布政使期间，顶着时任两广总督谭钟麟的强权高压，坚决查办民愤极大的贪官——厘金局总办王存善；在代理四川总督期间，严肃吏制，建立警察制度，一举弹劾贪腐官员40余名。在两广总督任上，清除贪腐官员1 400余名，被世人送与绰号“官屠”。

中国早期农民运动三大领袖之一——韦拔群

韦拔群（1894—1932），曾用名韦秉吉、韦秉乾、韦萃。广西东兰县武篆镇东里村人。韦拔群是中国早期农民运动三大领袖（毛泽东、彭湃、韦拔群）之一，广西农民运动的先驱，百色起义领导者之一，中国工农红军高级将领，中国工农红军第七军和广西右江革命根据地领导者之一。

韦拔群

1908年起，韦拔群先后在东兰县高等小学堂、庆远府中学堂和桂林法政学堂就读。1914年，因不满广西法政学堂的种种陋习，愤而退学，到广东以及长江中下游各省游历。1915年回到东兰。

护国战争爆发后，韦拔群在家乡招募了100多名乡友赴贵州参加护国军讨伐袁世凯，任副连长。后曾因反对旧军官虐待士兵而被捕入狱，经一位广西同乡营救出狱，并被保送进贵州讲武堂学习，结识兼职教官卢焘（壮族，革命烈士，时任黔军旅长，后任黔军总司令、贵州省省长）。讲武堂结业后，被分配到黔军驻重庆某军部任参谋。五四运动爆发后，他阅读了《新青年》等进步刊物，接受新的思想，并以“愤不平”为笔名，宣传革命思想。但不久被军部查究，毅然弃职离开旧军队，前往上海、广州等地寻访孙中山。

1920年10月，韦拔群在广州参加了广西籍国民党人马君武组织的改造广西同志会，任政治组副组长，参与推翻桂系军阀陆荣廷的革命活动。1921年7月，韦拔群随马君武等人一道，由广州乘船经梧州于8月到达南宁。随后，马君武省长邀请韦拔群出任南丹、东兰县长，但被他推辞。1921年9月回到家乡东兰，秘密组织了改造东兰同志会及国民自卫军，号召农民起来“打破不平”、“救家乡、救广西、救中国”，从而成为广西农民运动先驱。

韦拔群雕塑

1923年，组织农民自卫军三次攻打东兰县城，夺取县城，成立了东兰革命委员会，公布四条政策：取消一切苛捐杂税，废除各种契约，提倡民族平等和男女平权。“三打东兰”是中国现代农民革命运动史上最早的一次武装起义。

韦拔群的革命活动屡遭土豪劣绅镇压，以致被通缉，1924年8月他离开家乡赴广州，1925年1月进入第三届广州农民运动讲习所学习。结业后为农运特派员，返回广西继续开展农民运动。1925年5月，他回到家乡广泛宣传发动群众，积极开展农民运动，组织农会农军，大力开展反对帝国主义，反对封建军阀、打倒贪官污吏和土豪劣绅的斗争，东兰县各区、乡相继成立了农民协会。8月，东兰县农民协会成立，任军事部长。为了进一步发动群众，同年9月，领导创办了广西最早的农民运动讲习所，先后在东兰开办三期农讲所，并任主任，为右江地区各县培训农运骨干500多人，有力推动了广西农民运动的迅速发展。

1926年夏秋，韦拔群先后任田南农运办事处主任兼一路农军总指挥。1927年蒋介石发动四一二反革命政变后，桂系军阀伙同地方反动武装于8月大举进攻东兰。韦拔群亲自率领提前结业的第三届农讲所学员和右江地区四县农军迎击敌人，一度围困敌人达一个月之久。10月，敌人再次集中兵力进攻农军。韦拔群决定诱敌深入，分段歼敌。他先派一小队把敌人引诱到农军主力设伏的山地，然后充分发挥土枪、土地雷的威力，经过11个昼夜战斗，一举击败敌人，使农军威震四方。他领导右江地区农军，坚持公开地进行武装斗争，打击敌人。在斗争中发展和壮大了农民武装，为红七军的诞生奠定了基础。1926年冬，加入中国共产党。

韦拔群故乡东兰县武篆镇东里村

1929年，韦拔群出席广西省第一次农民代表大会，当选为广西农民协会副主任委员。12月，参与领导百色起义，建立右江苏区，任右江苏维埃政府委员、中共工农红军第七军前敌委员会委员、红七军第三纵队司令员。1930年3月，韦拔群与邓小平一道在东兰武篆领导土地改革的试点工作。1930年10月任红七军二十一师师长。同年11月，红七军主力离开右江苏区时，韦拔群奉命留守右江革命根据地，同时把二十一师的绝大部分兵力、武器补充给北上的部队，仅带领数名警卫员和一个红军番号返回右江地区，发动群众，组织扩建部队，很快重新组建起红七军二十一师，任师长。继续在极其艰苦的条件下领导坚持游击斗争，反击国民党军的多次“围剿”。

1931年11月被选为中华苏维埃共和国中央执行委员。这一年，韦拔群率红军先后粉碎了桂系军阀对根据地发动的两次“围剿”，保卫和巩固了右江革命根据地。1932年10月19日，在第三次反“围剿”中遭叛徒暗害，不幸牺牲，年仅38岁。

中国人民解放军
上将——韦国清

韦国清（1913—1989），原名韦邦宽，广西东兰县太平乡弄英村人。中国人民解放军开国上将。

1928年夏，韦国清加入韦拔群领导下的农民自卫军，曾参加攻打东兰县城。1929年加入中国共产主义青年团，12月参加百色起义，被编入中国工农红军第七军。1930年在红七军第十九师五十六团（后在五十五团）任排长。1930年11月起，随部队转战于桂黔湘赣边界地区。1931年2月加入中国共产党。7月随部队进入中央苏区，任连长。1932年在瑞金工农红军学校学习，后任连长、军事教员。

《韦国清同志诞生一百周年》纪念邮票

1934年初，韦国清进入红军大学上级指挥科学习，毕业后，任中共红军大学总支书记，参加了中央革命根据地第三至第五次反“围剿”作战。

1934年10月，韦国清参加了举世闻名的二万五千里长征。任中央红军干部团特科营营长。1935年率部参加架设乌江浮桥、抢占金沙江皎平渡口、奔袭通安州等战斗。1935年6月，红一、四方面军在四川懋功（今小金县）会合后，任红军大学特科团代理团长。1935年11月参加直罗镇战役。1936年任教导师特科团团长。1937年1月任红军教导师特科团团长。

1937年7月抗日战争爆发后，韦国清任八路军总部随营学校校长。1939年任抗日军政大学（抗大）第一分校训练部部长。

1940年起历任抗大第一分校副校长兼教育长，山东纵队陇海南进支队政治委员，新四军第三师第九旅政治委员。1942年任新四军第四师九旅旅长兼淮北军区第一军分区司令员和中共淮北地委书记。1944年9月，任新四军第四师副师长，参与指挥西进战役，恢复豫皖苏抗日根据地。

国共内战时期，韦国清先后任新四军第二纵队副司令员，山东野战军第二纵队副司令员。1946年在军事调研处执行部徐州执行小组任中共方面代表，山东野战军（后为华东野战军）第二纵队司令员兼政治委员，率部参加朝阳集、宿北、鲁南等战役。1947年参加了著名的白塔堡战役、孟良崮战役。

1948年，韦国清调任苏北兵团司令员，率部南下担负苏北战场的作战任务，先后发起益林、盐南等战役。后在陇海路东段发动攻势，牵制国民党军5个军的兵力，有力地策应了豫东战役。淮海战役中，在率部胜利完成牵制任务，保障主攻部队先后歼灭了黄百韬、黄维兵团后，立即率部适时切断了杜聿明集团的西逃退路，并参加了围歼杜聿明集团的作战。

1949年2月，韦国清任第三野战军十兵团政委，参加渡江战役和上海战役后，与兵团司令员叶飞率部进军福建。这期间，他先后担任苏州市、福州市军管会主任、中共福州市委书记、福州市市长、中共福建省委组织部部长等职。

1950年，韦国清任驻越南民主共和国军事顾问团团长、党委书记，援助越南抗法战争，参加指挥边境作战、奠边府战役。1955年被授予上将军衔。同年任广西省省长、中共广西省委副书记。1958年起任广西壮族自治区政府主席、中共广西区委员会书记处书记、第二书记、第一书记。1962年被选为广西壮族自治区政协主席。1964年兼任广西军区第一政委。后任中共中央中南局第二书记，广西壮族自治区革命委员会主任。1964年12月至1983年6月任政协全国委员会副主席。1969年任中共中央军委委员。1973年任广州军区第一政治委员。1976年任中共广东省委第一书记、广东省革命委员会主任。1977年，任解放军总政治部主任、中共中央军委常委、副秘书长。

韦国清是中共八届候补中央委员、中央委员（1966年递补），九至十二届中央委员、十至十二届中央政治局委员；一届全国人大常委会委员，四至七届全国人大常委会副委员长；四、五届全国政协副主席；一至三届国防委员会委员。1988年7月被授予一级红星功勋荣誉章。1989年6月14日病逝于北京。终年76岁。

中国人民解放军中将——覃健

覃健（1911—1959），原名覃秀华，曾用名谭健，广西东兰县第三区板坡乡却里屯人。1955年被授予中将军衔。荣获二级八一勋章、二级独立自由勋章、一级解放勋章。

1925年，覃健进入韦拔群在东兰县北帝岩创办的广西农民运动讲习所学习。1926年结业回乡后参加东兰农民赤卫军第1团，投身当地农民运动。1929年12月随农民自卫军参加百色起义，编入中国工农红军，并改名覃健。1931年春，覃健加入中国共产党。

从1929年12月起，覃健任红七军十九师五十六团连宣传员、代理排长、红三军团政治部警卫连排长，第六师十六团指导员，红三军团政治部警卫连连长。长征中任红三军团政治保卫队队长，红一方面军警卫营连长。

到达陕北后，覃健任红一方面军警卫营营长。1936年调任红十五军团司令部作战科科长。抗日战争爆发后，进入抗日军政大学学习，毕业后留校任队长兼军事教员。1938年7月调任八路军第一一五师三四四旅六八八团副团长。1938年11月任八路军第一一五师三四四旅挺进纵队纵队长，12月任第一一五师三四四旅特务团团长。1939年4月任冀鲁豫支队第二大队大队长。1940年二月任八路军第二纵队新编第二旅第五团团长，8月任八路军第五纵队第二支队五团团长。1941年2月任新四军第三师八旅二十三团团长，3月任淮海军区司令员，9月任新四军第三师十旅副旅长兼淮海军区副司令员。1942年12月起任新四军第三师十旅副旅长兼淮海军分区副司令员，淮海军分区第三支队司令员。1945年3月任新四军第三师独立旅旅长兼淮海军分区副司令员。

抗战胜利后，覃健任华中军区淮海军分区司令员、第六军分区司令员。1947年1月任华东野战军第十二纵队兼苏北军区副司令员。1948年3月任华东野战军苏北兵团参谋长。1949年2月任第三野战军第九兵团参谋长。1950年11月任志愿军第九兵团参谋长，曾荣获朝鲜一级、二级国旗勋章，一级自由独立勋章。

1953年5月任华东军区司令部第二副参谋长。1955年3月任南京军区司令部副参谋长。1955年9月被授予中将军衔。曾荣获二级八一勋章、二级独立自由勋章、一级解放勋章。

覃健因病于1959年7月15日在北京逝世，享年48岁。

中共中央顾问委员会委员——韦杰

韦杰（1914—1987），原名韦士良，广西东兰县三石弄引屯人。1955年被授予中将军衔。获二级八一勋章、一级独立自由勋章、一级解放勋章。

韦杰出生在一个贫苦农民家庭里，少年时随父亲和哥哥在家干农活。13岁时进入韦拔群主办的农民运动讲习所学习，同年参加农民自卫军。1929年冬参加百色起义，成为中国工农红军一名战士。

1930年10月，韦杰加入中国共产主义青年团，1933年3月加入中国共产党。曾任红七军第十九师第五十三团排长，红三军团第五师侦察连连长、第十三团营长。从右江根据地转战江西后，韦杰参加了中央苏区第二、第三、第四和第五次反“围剿”作战。1934年10月，韦杰参加了举世闻名的二万五千里长征。

到达陕北后，韦杰历任红十五军团第七十三师第二二三团参谋长、团长、骑兵团团长、第七十三师参谋长、第七十五师师长。率部参加了直罗镇、东征、西征等战役。1937年8月进入抗日军政大学学习并兼任队长。后任八路军总部特务团团长，第一一五师第三四四旅第六八八团团长，率部参加了香城固战斗。1939年底任第一二九师新编第一旅旅长，率部在山西晋城、高平、陵川及河南林县（今林州市）地区开展敌后游击战争，打击日军，并同国民党顽军进行有理、有力、有节的斗争。

1940年8月，韦杰参加著名的百团大战，组织部队在安阳至磁县地区破坏日军交通线，机动灵活地打击日伪军。在太行山区1942年反“扫荡”中，韦杰率部掩护第一二九师师部机关和太行边区政府机关安全撤退转移。1943年任太行军区第五军分区司令员。

抗日战争胜利后，韦杰任晋冀鲁豫军区第六纵队副司令员兼第十六旅旅长。率部参加上党战役。之后率部队三下陇海铁路，在鲁西南地区辗转作战。1946年5月率部攻克豫北重镇汤阴，活捉国民党军暂编第三纵队司令孙殿英。1947年8月在进军大别山作战中，指挥部队抢渡汝河，掩护中原局、晋冀鲁豫野战军指挥机关和直属队安全渡河。1948年2月任晋冀鲁豫军区第十四纵队司令员，同年5月后任华北军区第十四纵队、第十三纵队司令员、第六十一军军长。率部参加太原、陕中、扶眉、进军西南等战役。

新中国成立后，韦杰任第六十一军军长兼川北军区司令员。1951年3月参加抗美援朝，任中国人民志愿军第三兵团第六十军军长，率部参加第五次战役作战。1952年回国后任军事学院高级函授系主任。1957年10月任成都军区副司令员，分管军区军事训练，后兼管军区后勤工作。1979年1月任中共成都军区纪律检查委员会书记。

韦杰是第五届全国人大代表。1982年被选为中共中央顾问委员会委员。1987年2月3日在北京逝世。终年73岁。

开国政要——覃应机

覃应机（1915—1992），广西东兰县三石区纳合村人。1929年春参加红七军，新中国成立后长期在广西担任领导工作，曾任桂西壮族自治州州长、广西壮族自治区人民政府主席、广西壮族自治区政协主席。

覃应机出生在一个贫苦农民家庭里。他10岁即参加劳动“童子团”，经常为韦拔群领导的农民自卫军送情报和参加抗敌斗争。1929年10月，覃应机参加韦拔群指挥的农军攻打东兰县城的战斗，随后，又参加邓小平、张云逸、韦拔群等同志领导的百色起义。

同年冬，覃应机作为三石区劳动童子团团长，被“三石区农会”保送进入韦拔群在“东兰县劳动小学”开办的“青年训练班”学习，亲耳聆听韦拔群的教诲。在学期间，他加入了共青团，毕业后加入红七军第二纵队。1930年11月红七军在河池整编后，覃应机随红七军辗转北上进入中央苏区，参加中央苏区反“围剿”和二万五千里长征。土地革命战争时期，他曾任红七军五十五团二连班长、排长、青年干事，五十六团青年干事、连长，红一军团保卫部巡视组组长、二科科长。

抗日战争时期，覃应机任八路军总部参谋处外勤情报组组长，八路军总部参谋、侦察队队长、代科长，晋中游击支队政治教导员，中共中央北方局党校学员、二分队分队长，太行太岳行政联合办事处公安处副处长，晋冀鲁豫边区公安总局秘书主任，冀南公安局副局长，冀鲁豫公安局副局长。

解放战争时期，覃应机任冀南公安局局长，冀南区党委社会部部长兼公安局局长，河北省公安厅厅长、中共河北省委社会部部长。

新中国成立后，覃应机任中共广西省委社会部部长、广西省公安厅厅长、广西省人民检察署检察长、南宁警备区司令部副司令员、广西边防局局长、中共广西省委书记处书记、广西壮族自治区委书记处书记、广西省政法委员会主任、广西壮族自治区人民政府主席、广西壮族自治区委党史资料征集委员会主任。

覃应机回忆录《硝烟岁月》书影

曾兼任广西省桂西壮族自治区人民政府主席、中共广西省桂西壮族自治州委书记、桂西壮族自治州州长、广西壮族自治区外事办公室主任、自治区编制委员会主任、自治区科学工作委员会主任、自治区工业基本建设委员会主任、桂西壮文学校校长、广西民族学院院长、广西壮族自治区民族语言文字工作委员会主任、中国科学院广西分院院长、广西大学校长。

覃应机是广西壮族自治区第一届至第五届的政协委员，第一届至第六届全国人民代表大会的代表，第二届全国人大民族委员会委员，广西壮族自治区第五届政协主席，中国共产党第八、十四次全国人民代表大会代表，中共第十一届、十二届中央委员，中共十三大当选为中央顾问委员会委员。1992年12月8日在南宁逝世，享年78岁。

1991年，覃应机回忆录《硝烟岁月》一书出版。

第八届全国人大常委会副委员长——甘苦

甘苦（1924—1993），广西扶绥县渠旧镇人。1947年6月参加革命工作，同年7月加入中国共产党。曾任广西壮族自治区人大常委会主任、第八届全国人大常委会副委员长。

甘苦早年毕业于龙州中学和南宁高中。青年时期思想追求进步，向往革命。1947年6月，参加中国共产党领导下的左江地区武装斗争，同年7月加入中国共产党。历任广西左江游击区民兵大队教导员，广西凭祥县委工委书记，广西凭祥游击大队政委，滇、桂、黔边区纵队左江支队二团政委。

1950—1970年，甘苦历任中共龙津县委副书记、书记，龙津县县长，桂西壮族自治区政府办公厅代科长，广西省手工业局副局长，中共龙州县委第一书记，中共崇左县委书记，河池地区行署专员。“文化大革命”期间受到迫害。

恢复工作后，甘苦曾任柳江造纸厂革委会主任，河池地委副书记，地区革委会副主任。1976—1979年任广西水利电力局局长、党组书记。1979—1985年，任广西壮族自治区副主席，分管计委、建委等部门的工作，兼任广西水利局局长、广西电力局负责人。

1985年6月至1993年1月，甘苦任广西壮族自治区第六届、七届人大常委会主任、党组书记。是中共十三大代表、第七届全国人大代表。1993年3月在第八届全国人民代表大会第一次会议上，当选为全国人大常委会副委员长。1993年7月25日在南宁逝世，终年69岁。

壮学宗师——黄现璠

黄现璠（1899—1982），原名甘锦英，广西扶绥县渠旧镇三合村渠思屯人。中国历史学家、民族学家、教育家、社会活动家。中国现代民族学奠基人。

黄现璠

黄现璠于1926年考入北京师范大学预科，两年后考入北师大史学系本科，毕业后免试进入北师大研究所（后称研究院）深造，师从陈垣（援庵）学习考据学，钱玄同（中季）学习音韵学，李建勋学习教育学，主要以陈援庵、钱中季两导师指导为多。

1935年11月，黄现璠考入日本东京帝国大学大学院。同年11月，以商务印书馆预支稿费方式赴日留学。1936年1月获得广西省留学官费，进入东京帝大研究院深造，师从日本东洋史名家和田清、加藤繁教授学习中国史。

1937年11月从日本归国后，黄现璠历任广西大学、中山大学、国立桂林师范学院、广西师范学院等校史学教授，为壮族首位大学教授。曾先后兼任广西教育研究所研究员、广西大学训导长、中文系主任、图书馆馆长、广西师范学院图书馆馆长等职。

新中国成立后，黄现璠作为广西文化教育界唯一代表，当选为第一届中国人民对外文化协会理事。1954年后相继当选为第一届全国人大代表、全国人大民族委员会委员、中央对外文化联络委员会委员。先后被中央人民政府政务院任命为桂西僮族自治区人民政府委员、广西省人民委员会委员。

1957年7月，出席全国人大民族委员会在青岛举行的“全国民族工作座谈会”。

1958年2月1日，被第一届全国人民代表大会第五次会议罢免全国人民代表大会民族委员会委员职务，从而被划为右派。“文革”期间，被红卫兵扣以“学术上反攻倒算和死不悔改的大右派”等罪名，遭批斗、游街、挂牌戴高帽示众、扫厕所扫大街、殴打等不公正待遇。

1979年平反后，黄现璠相继当选为第一届中国民族学研究会（后改名为中国民族学学会）顾问、《中国大百科全书·民族》编辑委员会委员、第一届中国西南民族研究学会顾问、第一届中国百越民族史研究会副会长、第五届全国政协委员。担任全国政协委员期间，为协助政府的平反冤假错案做了大量工作。

1981年夏，黄现璠在全国政协副主席刘澜涛的支持下，在桂林创办“漓江业余大学”，担任校长。1982年1月18日因脑溢血病医治无效，病逝于桂林市医专附属医院，享年83岁。

晚年的黄现璠

黄现璠生前撰写出版了大量著述和出版物，主要有《中国通史纲要》（合著，上、中、下三册，上、中两册由黄现璠独立完成，下册由刘镛完成）、《中国通史讲稿》《中国史讲义》《中国生活学——食衣住行通史》（初稿三卷）、《壮族通史》（合著）、《秦代通史》《魏晋南北朝通史》《魏晋南北朝隋唐五代史》《隋唐五代史》《民国史断片》（手稿）、《旧民主主义革命史稿》（两卷）、《中国新民主主义革命史讲稿》《右江苏维埃政权之建立》《高中外国史》（两册）、译著《元代农民之生活——附奴隶考》《唐代社会概略》《宋代太学生之救国运动》《日本吸收中国文化史稿》《中国文化史》《中国殷代社会史》《中国封建社会史》《中国历史名著选读》《广西僮族简史》《中国历史文选》《汉族的形成》（合著）、《古书解读基础知识》《侬智高》《中国历史没有奴隶社会》以及学术论文集《古书解读初探——黄现璠学术论文选》、学术评传《韦拔群评传》等。

民国著名女诗人——曾平澜

曾平澜（1896—1943），女，广西扶绥县永康州城南街（今中东镇）人。民国社会活动家，作家，诗人。

其父曾文鹏，前清拔贡。曾平澜7岁读书，12岁到南宁第一女子小学插班。她天资聪颖，个性泼辣，富于反抗精神，酷爱诗词书画。

16岁那年，曾平澜为反抗包办买卖婚姻，毅然离开家庭，到广东肇庆一所小学任教。后来受五四运动影响，追求进步，她到北京考入私立国民大学文学系深造，学习一年多。国共第一次合作时，她接触了廖仲恺夫人何香凝女士，追随何香凝到上海、广州等地从事妇女解放运动。1927年大革命失败后，经作家张资平介绍，东渡日本，进东京美术学院攻读美术。1932年回到上海，参加革命活动。次年因白色恐怖，难于在上海立足，便回到扶绥老家。

1934年下半年，曾平澜由雷荣甲介绍到雷沛鸿创办的广西普及国民基础教育研究院执教，兼该院《日刊》主编。她先后在《日刊》上发表了20多篇有关政治时事和文化教育的评论文章，宣传爱国主义思想，反对帝国主义侵略和封建军阀统治。传播先进教育思想，抨击封建法西斯教育。并大力宣传妇女解放，争取女权独立。同时创作小说、散文、戏剧和杂文，尤其擅长新诗。1935年夏，收集10余年来所写的部分诗作，整理成《平澜诗集》，由南宁三管图书局出版发行。此外，还收集整理民间文学，编辑出版了《邕宁童谣集》（已失传）。

1936年9月，教育研究院停办，曾平澜转到平乐省中任教。半年后回扶绥老家，办波澜学园，主张普及国民基础教育，提倡女子入学、半工半读，受到乡亲父老赞扬。但只办了一个学期，就被当局勒令停办。1939年冬，日寇入侵广西，家乡沦陷，她在战乱中流亡南洋，在新加坡育英中学任教，著有《新加坡之前夕》（已失传）。1941年初，又重回家乡，在同正县立国民中学任教，经常向学生灌输爱国主义思想，宣传抗日救国，深受广大师生敬佩。1942年她与中东镇本街冼居如结婚，于1943年12月在家病逝。

其主要作品有诗集《曾平澜诗集》、散文集《谪仙记》和小说戏剧集。

《曾平澜诗集》内容题材有如下几个方面：（一）对封建礼教的反叛，诅咒旧社会的黑暗，追求光明，渴望妇女解放。作品有《自决》《逃》《女人》等。由于曾平澜是过来人，有亲身经历和体验，感受殊深，因此写出诗最为动情。（二）反映人民大众的苦难，抨击不合理的社会制度。控诉反动派的罪行。作品有《在黑夜里》《到上海去》《疯狗》《失业的人们》《狂风夜雨里的小毛》《村人》《小小的心儿》《船夫》《巧》《江上黄昏》等。（三）歌颂革命斗争和革命爱情生活。作品有《重遇何香凝》《在京沪车上》《在共同路上》《不能忘却的一日》《暗淡的月夜》等。

新闻记者兼作家——华山

华山（1920—1985），原名杨华宁，记者，作家，广西龙州县西街人。

华山6岁时随家迁居南宁，14岁考入上海泉漳高中。1936年参加共产党领导的“民先”组织，被学校当局开除。遂在张爱萍领导下的上海游击队做传令兵，经张爱萍介绍，赴延安吴堡西北青年训练班，后转入延安鲁迅艺术学院学习。1938年加入中国共产党。

1939年后，华山从事新闻记者工作，曾任《新华日报》记者、中共军委政治部、中央军委东进纵队、《冀热辽日报》《东北日报》、新华社特派记者等。新中国成立后，任新华社军事记者、新华通讯社总编辑委员、中国作家协会第二届理事。抗美援朝期间，华山三次赴朝鲜前线战地采访。1957年调任中国作家协会专业作家。

华山是一个多才多艺的新闻记者兼作家，创作并写出了许多优秀作品。文学作品有报告文学、通讯、散文、小说、诗歌。已出版的有《远航集》《华山战地通讯选》《朝鲜战场日记》《华山文集》，其中中篇小说《鸡毛信》和报告文学《英雄十月》《清川江畔》分别选入小学、中学和大学语文教科书。此外，还创作有木刻作品《爸爸我也要去打日本》等近百幅。

1963年华山被下放到河南林县劳动。1965年，华山由中国作家协会调到河南省文联创作组。华山到太行山中的林县红旗渠深入生活，后来，在《奔流》杂志上发表了长篇报告文学《劈山太行侧》，作品引起了很大反响。

1970年华山再次下放到太行山里的林县。在那里他创作了长篇散文《旱井世界》，并由河南人民出版社出版。

1973年，华山与著名粤剧演员红线女结婚，晚年长期在广州生活。生病疗养期间，华山创作了两篇绝笔：一篇《青青海罗衫》，长达数万字，后来发表在丁玲主编的《中国》杂志上。另一篇《我当记者》，发表于《人民日报》。1985年初秋，华山因病在广州逝世，享年65岁。

华山去逝后，按照他的遗愿，将他的骨灰洒在太行山中的漳河水里。

华山主要作品有：《光荣属于勇士》（通讯）、《狼牙山五壮士》（特写）、《英雄的十月》（特写）、《踏破辽河千里雪（特写）》《劳动旗手甄荣典》（特写）、《炮兵连的光荣枪》（通讯）、《鸡毛信》（短篇小说集）、《黄河散记》（特写集）、《童话时代》（特写集）、《黄河断流》（特写集）、《远航集》（通讯报告集）。

壮族文学代表人物——陆地

陆地（1918—2010），原名陈克惠，曾用名陈寒梅，笔名陆地，广西绥渌县（今扶绥）东门乡岜等村人。中国当代著名作家。曾任广西作家协会主席，中国文学艺术界联合会委员。壮族新文学的代表人物之一。

陆地的祖父在世时家境殷实，后来家道中落，其父经常外出避债。陆地1925年开始上初小，后升入县立第三高级小学，接触到了鲁迅、郁达夫、张恨水、苏曼殊等人的作品。15岁父亲逝世，由二哥资助得以进入广州私立桂培学校和省立第一师范就读。

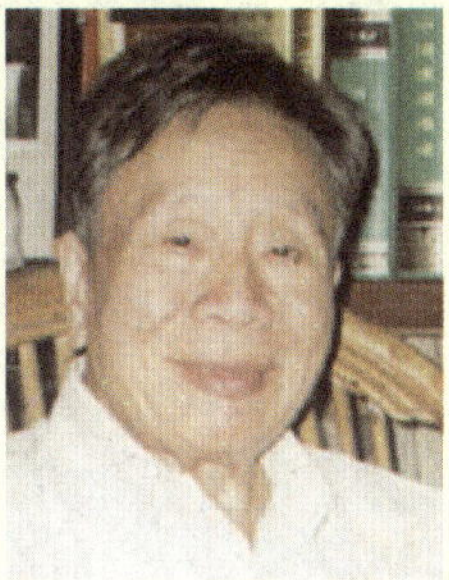

陆地

陆地青年时代由于爱好文学，受鲁迅、高尔基著作的影响，开始写诗和散文。1937年，陆地在广州《民国日报》发表首篇散文《期考的前夜》，批评当时的会考制度。抗日战争爆发后，陆地回广西报考参军，没能如愿。1938年考入广西合作人员训练所，同年8月下旬离开广州，10月初到达延安。他进入抗日军政大学理论研究班，并加入了中国共产党。

1939年考入鲁迅艺术文学院文学系学习，在此间接触了契诃夫、屠格涅夫等人作品，并以陆地为笔名写了小说反映广西农村现状的《乡间》，发表于《大公报》桂林版。延安时期，他参加了大生产运动，到部队深入生活，积累了丰富的创作素材，在周扬主编的《文艺战线》杂志上发表了中篇《从春到秋》，没印出就被国民党查禁，但陆地因此文得以留校成为教员。

长篇小说《瀑布》书影

1940年下半年，他参加了八路军的百团大战，写出短篇《落伍者》。1943年3月成为《部队生活报》的编辑和特派记者。1946年随军到达沈阳，1949年8月成为《东北日报》副刊编辑组长。此间他参加了土地改革运动，发表了短篇小说《北方》《乡间》《参加“八路”来了》《钱》《叶红》《大家庭》《还乡》、中篇小说《生死斗争》《钢铁的心》等，短篇小说《旗》被译为俄文。

1949年9月，陆地所在的部队南下解放广州。梧州被攻克后，陆地任梧州市委宣传部长、建设日报社社长。次年调广西省委任宣传处处长，参与筹备广西文联。1951年与胡绳、艾青、田汉等在南宁郊区住了半年，体验生活。1952年11月调往中央宣传部，并开始动笔写《美丽的南方》。1959年《美丽的南方》终于成书，并于1960年由作家出版社出版。

1960年陆地赴韦拔群故乡东兰，与广西话剧团成员一起将话剧《红河赤卫队》改编为八场话剧《叱咤风云》，但未能上演。次年9月因病住院，开始了一年半的疗养。出院后创作了长篇小说《瀑布》和一系列短篇小说。1966年“文化大革命”开始后，被打成广西的文艺黑线代表，划为“反革命修正主义分子”，《美丽的南方》等被说成“反党反社会主义大毒草”，丧失了发表作品的权利。1973年恢复工作。

1978年后，陆地得以重新修改《瀑布》初稿，3年后该书获全国少数民族文学创作长篇小说一等奖。此后陆续出版《好样的人》（又名“北方”）、《故人》等短篇小说集和文艺评论集《创作余谈》。改革开放时期的还著有短篇小说《牙科大夫》《一顶草帽》、散文《对哈尔滨的回忆》以及综合文集《青春独白》《劫后余灰》、中篇小说《浪漫的诱惑》等。

陆地曾任区党委宣传部副部长，自治区文学艺术界联合会主席，中国作家协会民族文学创作委员会副主任等职。陆地于1982年退休。1996年后继任中国作协第五届代表大会顾问、广西文联、广西作协名誉主席等职。2003年，以他名字命名的“陆地文艺创作奖”在南宁设立。

2010年8月7日，陆地在南宁去世，终年92岁。

电影艺术家——岑范

岑范（1926—2008），原名岑立范，1926年出生在上海，原籍广西西林县那劳村，中国电影导演、演员。

岑范

岑范出身名门，他是清朝名将岑毓英的曾侄孙，清末两广总督、中华民国护法军政府总裁主席、国民党创始人之一岑春煊的侄孙。岑范在上海出生时，岑家已经中落，岑范的父亲只是一名俸金微薄的小公务员。岑范到学龄年纪时，甚至因为家境不好而没能按时入学，只能由母亲教他识字读书、进行启蒙教育。

1939年举家迁到南京，岑范在一所男子中学读书。一次联欢晚会上，他成功扮演了《南归》中一个女孩子的角色。以后的几年里，常有业余剧团邀请他去客串，为了提高演技，他大量观摩世界各国的电影，感受到了电影艺术的独特魅力。

1945年岑范肄业于南京中央大学经济系。这时候他开始研读大量剧本，并练习写作，写成了第一个剧本《手足情深》，得到了导演朱石麟的帮助。

由岑范指导的电影《阿Q正传》获1983年葡萄牙第十二届菲格拉达福兹国际电影节评委奖

1946年应朱石麟之邀去香港南洋影业公司拍片，在《同病不相怜》中扮演角色。6年中，他跟随朱石麟拍了10多部影片，在香港南洋、大中华、永华、长城等电影公司的《血染孤城》《蝴蝶梦》《生与死》等十多部影片中担任角色，并在《春之梦》《玉人何处》《清宫秘史》《春风秋雨》等6部影片中任副导演，他编写了《血染孤城》《生与死》《琼楼恨》的剧本。

1952年岑范到北京任八一电影制片厂编导。1954年任北京电影制片厂副导演、导演。这期间任《梅兰芳舞台艺术》《洛神》《群英会》《雁荡山》等影片的副导演、导演。

1957年岑范任上海海燕电影制片厂导演，1972年任上海电影制片厂导演。先后导演《群英会》《借东风》《林则徐》（与郑君里合作）、《红楼梦》《祥林嫂》《阿Q正传》《碧水双魂》《闯江湖》《梦非梦》等影片。其中《阿Q正传》获1983年葡萄牙第十二届菲格拉达福兹国际电影节评委奖。还编导了电视剧《酒向人间都是爱》《曹雪芹》等。

岑范晚年多次返回祖辈故乡西林县那劳村寻根祭祖，深受壮乡亲友喜爱。2008年1月23日，岑范因病医治无效不幸去世，享年82岁。

第八章
民族区域自治和谐进步

1949年12月广西全境解放，1950年云南省文山县解放，自此壮族人民同全国各族人民一样摆脱了剥削和压迫，走向民族独立的道路。新中国成立后，壮族地区在党中央、国务院的关怀下，壮族人民在开展民主建政的同时，也开展建立民族区域自治的工作。

广西壮族自治区

民族区域自治是中国共产党解决国内民族问题的一项基本政策，是我国的一项重要的政治制度。民族区域自治制度的建立，保障了壮族人民当家做主的权利，促进了壮族地区政治、经济、文化等各项事业的发展。

沿革

广西壮族自治区（壮文Gvangjsih Bouxcuegh swcigih），简称“桂”。1958年3月5日成立，是我国建立的第三个省一级的自治区，首任自治区主席为韦国清。

广西位于我国西南边疆，介于东经104°29′~112°04′，北纬20°54′~26°20′之间，南临北部湾，西南与越南交界，西北和北部连云南、贵州，东北部同湖南相接，东南面与广东毗邻。全区面积23.67万平方公里，占全国总面积的2.5%。境内居住有壮、汉、瑶、苗、侗、仫佬、毛南、回、京、彝、水、仡佬12个民

广西城关镇风光

▼

族，据2010年第六次全国人口普查数据，全区总人口为5 159.46万人。其中壮族人口为1 658.72万人，占32.15%。

春秋战国时期，广西为百越地。秦置桂林郡，部分属象郡。汉属苍梧、郁林、合浦郡，部分属零陵、武陵、牂牁郡。唐初属岭南道，后分置岭南西道。宋为广西路，简称“广西”。元属湖广行中书省，后分置广西行中书省，为广西设省之始。明改为广西布政使司，清为广西省，民国沿袭。

1949年，广西全境解放，设广西省，省会南宁。1952年，政务院将广东省辖的北海及钦廉专区划入广西，改称钦州专区；将广西怀集县划归广东。1955年夏，又将北海和钦州专区划归广东。1965年，再将北海市和合浦专区划归广西，仍称钦州专区。

1952年12月9日，在壮族聚居的广西中西部，建立了桂西壮族自治区（地区行署级），辖邕宁、宜山、百色区3个专区，1956年3月改为桂西壮族自治州。1958年成立广西壮族自治区（省级），自治区首府为南宁市。

广西龙胜和平平安壮族

自治区的更名及成立日

自治区成立至1965年，都是叫“广西僮族自治区”。1965年，周恩来总理在一次座谈会上指出，“僮族”的“僮”是旧社会统治阶级对少数民族的歧视，“僮”含有“仆人”的意思；现在全国解放了，少数民族与汉族都是国家的主人，我们应该改变过去的错误看法。周总理建议将“僮族”改为“壮族”，“壮”有健壮、茁壮、充满活力的意思，希望壮族兄弟身体健壮，壮族自治区发展

春到壮乡

▲ 近看德天瀑布

蓬勃向上。当年10月12日，周总理的提议经国务院批准，正式将“僮族”改为“壮族”，自治区也改为“广西壮族自治区”。

重温广西的历史，1929年12月11日，邓小平、张云逸等老一辈无产阶级革命家发动和领导了百色起义，创建了红七军。

知识链接 壮美德天

“德天”，是当地壮语的音译，意思是“发光的石头”，德天瀑布位于中国的西南边陲，发源于广西靖西县境内的归春河，出自靖西的渠洋镇，流经靖西县城、化峒后一路南下，从岳圩进入越南高平省，后突然趸向东北，成为中越两国的界河，到大新县硕龙才又进入中国境内。德天瀑布因位于大新县硕龙乡德天村而得名。全宽达208米，落差70余米，纵深60余米，分三级跌落，是世界第二大跨国大瀑布。

大新县中越跨国瀑布——德天瀑布 ▶

德天瀑布距中越边界第53号界碑只有50米左右，正是界碑，将德天瀑布一分为二，中国境内的主体瀑布宽约100米，越南境内的瀑布则称为板约瀑布。

德天瀑布的形成与归春河上的浦汤岛有关。静若处子的归春河水，从上游悄然流近浦汤岛，突然变成了一匹脱缰之马，分成数股激流，在参天古树的掩蔽下忽然奔涌而出，分三级冲下断崖，飞泻而下，形成了归春河上最壮美的奇观——德天瀑布。从下游数百米处的左岸眺望德天瀑布，只见水花四溅，水雾遮天，阳光下还有彩虹若隐若现，沉闷的流水声振荡河谷，撼人心魄。

1949年12月11日，人民解放军将红旗插上镇南关，广西全境解放。为了激励各族人民继承光荣的革命传统，从1978年起，自治区成立纪念日定为每年12月11日，沿用至今。

至2014年止，全区共设南宁、柳州、桂林、梧州、北海、贵港、玉林、百色、河池、钦州、崇左、防城港、来宾、贺州等14个市，34个市辖区、7个县级市、56个县、12个自治县。

云南壮族

文山壮族苗族自治州

文山壮族苗族自治州于1958年4月1日成立。位于云南省东南部，南部与越南接界，东部与广西百色市接壤，西部和北部分别与本省的红河哈尼族彝族自治州、曲靖地区毗连。全州面积3.36万平方公里。境内居住有壮、苗、汉、彝、瑶、回、傣、白、蒙古、仡佬等民族，2010年全州总人口351.79万人，其中壮族有104.2万人，约占总人口的29%。

云南文山新平坝壮族平头土僚服饰

文山秦时属句町、漏卧，受中央王朝直接统治。汉属牂牁郡。唐宋时期大部分地区先后属南诏、大理管辖，今广南、富宁等宋时归邕州管辖。元属云南临安路，部分属广西。明属云南临安府、广南府，部分属广西。清代实行改土归流以后，置云南省开化府。民国时期先后置文山、西畴、马关、丘北、广南、富宁、砚山7县和麻栗坡督办署，隶属开广区行政督察专员公署

▲ 云南西畴县龙坪壮族村庄

管辖。

1950年1月7日，文山县城解放，滇东南行政专员公署进驻文山县城。3月，改称文山专区专员公署。1950年3月，将河口县划归蒙自专区，6月将马列坡县改称麻栗坡市。1955年10月，麻栗坡市改为麻栗坡县。1958年4月1日，经国务院批准，建立文山壮族苗族自治州，实行民族区域自治，文山专区专员公署改称文山壮族苗族自治州人民委员会。

师宗县五龙壮族乡

五龙壮族乡1958年为五龙公社，1984年社改区，1988年置五龙壮族乡。全乡辖曲祖、脚家箐、大厂、法岗、得勒、保太、新庄科、狗街、牛尾、花桂、南岩、平寨、鲁克13个村委会128个自然村135个村民小组。

云南邱北县八道哨上那龙村壮族沙支系——黑沙村庄 ▶

五龙壮族乡位于师宗县城东南部，乡政府驻地距县城59公里，地处滇黔桂三省（区）接合部，东与罗平接壤，南昆铁路从境内北端穿过，国道324线横穿境内，省道以马线纵贯全境，是一个区位优越、交通便捷的壮族乡。乡内地形起伏较大，西北高，东南低，最高海拔2 400多米，最低海拔737米，境内分山槽两区。五龙乡属典型的亚热带湿热河谷气候，全年平均气温18度，平均降雨量1 200~1 600毫米。

云南师宗五龙壮族白沙服饰

五龙乡旅游资源丰富，景点集中，自然环境优美，风光宜人，素有“小西双版纳”之美誉。

师宗县高良壮族苗族瑶族乡

高良壮苗瑶族乡位于师宗县东南部，距县城83公里，地处滇、桂两省（区）三地洲（曲靖、文山、百色）四县（邱北、罗平、西林、师宗）结合部，乡内杂居着壮、苗、瑶、彝、汉等民族。乡政府原驻大高良村，于1949年4月迁至设里村。全乡辖11个村民委员会，116个村民小组。

1950年3月撤高良特区为第五区，辖4乡。1952年辖12乡，1956年辖10乡。1959年撤区、乡改为高良、纳厦两个公社，辖9个管理区。1961年改大公社为高良、坝林、纳厦、雨厦、六朋5个中公社，辖21个管理区。1963年撤公社、管理区改为高良区，辖11个小公社。1973年撤区、小公社改为高良公社，辖12个大队。1984年撤公社、大队，恢复高良区，辖11个乡116个自然村，其中有10个民族乡。1987年12月撤区、乡，改为高良壮族苗族瑶族乡至今。

广东壮族

连山壮族瑶族自治县

连山壮族瑶族自治县地处广东省西北隅，南岭山脉西南麓，东邻连南瑶族自治县，西接广西壮族自治区贺州市八步区，南毗怀集县，北接湖南省江华瑶族自治县。全县总面积1 265平方公里，其中山地占86.6%，河流、耕地共占13.4%，有“九山半水半分田”之称。

广东连山壮族瑶族自治县风光

2009年，辖吉田、太保、禾洞、永和、福堂、小三江、上帅7个镇和46个行政村、4个社区，省属广东连山林场位于县内。2009年末，全县总户数31 938户，总人口117 570人。2000年，连山人口普查总人口为99 070人，其中汉族人口40 573人，壮族44 141人，瑶族14 195人，分别占全县总人口的40.95%、44.56%、14.33%。

连山壮族主要在福堂、小三江、上帅镇及太保镇上坪村委会聚居。连山的语言主要有连山方言（连山话）、壮语方言（壮话）、瑶语方言（瑶话）、粤语方言（广州话）和客家方言（客家话）。连山话在全县通用。

连山历史悠久，民风淳朴，文化习俗丰富多彩，以汉族春节的舞狮、舞春牛、元宵夜炸火狮，壮族买新水、装古事、“七月香”戏水节、抢花炮、“壮族三音”、娶亲“封脚印”，瑶族小长鼓舞、舞龙灯和娶亲串亲、拜歌堂等闻名。

从语言、风俗及宗支族谱的调查、史志记载及当地民间传说多方面考证，连山壮民大部分来自广西壮族自治区。壮民最早到连山定居者为元至正二十八年（1368）从广西富川迁至永丰、福堂的陆姓壮族先民。

怀集县下帅壮族瑶族乡

怀集县下帅壮族瑶族乡于1987年3月30日成立。位于广东省怀集县西北部。北接连山壮族瑶族自治县，西部、东部和南部分别与本县中洲镇、冷坑镇、泰来乡为邻。全乡面积78平方公里。居住有壮、瑶、汉3个民族，1990年末全乡总人口8 600人，其中壮族4 418人，占51.09%。

下帅清代建堡，民国时期改为乡。新中国建立以后，分为两个乡，以后合为区。1987年3月30日经广东省人民政府批准建立下帅壮族瑶族乡。

贵州壮族

从江县刚边壮族乡

刚边壮族乡位于从江县西部月亮山腹地，1992年建并撤后，由原来的平正、刚边两乡合并而成。因乡人民政府坐落在刚边河畔而得名。

乡驻地离县城68.5公里，与广西融水县的同练、杆洞乡和本县的下江、雍里、秀塘、加榜接壤。全乡面积145.28平方公里，辖15个行政村，48个自然寨，89个村民小组，2 700户11 198

贵州从江刚边壮族乡良田村壮族盛装

鸡笼——贵州省从江县刚边壮族乡良田村壮族竹编

人，其中壮族占77%，苗族占21%，其余还有侗、汉、瑶、水等民族。

刚边壮族乡于1963年3月由省人民委员会批准成立，同年改称刚边人民公社。1984年8月省人民政府批准恢复刚边壮族乡。主要农作物有水稻、玉米。有林面积2 800公顷。主要节日除春节外，还有壮年、牛神节、吃新节等。

从江县秀塘壮族乡

秀塘壮族乡位于从江县西南面，地处月亮山和黔桂交界处九万大山腹地，东南面与广西融水县交界，西北与本县加榜乡相连，西南与广西环江县龙岩乡接壤，东北与刚边乡毗邻。

1956年建乡，1963年省人民委员会批准建立秀塘壮族乡，后改为秀塘人民公社，1984年8月省人民政府批准恢复称乡。全乡辖13个行政村，68个自然寨，79个村民小组。居住有壮、苗、汉、侗、瑶、水等民族，其中壮族占总人口60%以上。自1993年撤、并、建以来，秀塘各个方面建设均有较大改善，开通了秀塘至广西达洞公路，秀塘乡已成为从江西部重要贸易重镇。畜牧业以养牛、猪为主，特产“香猪”闻名全省。主要节日除春节外，还有壮年、牛神节、吃新节等，其中以过壮年最为隆重。

贵州从江刚边壮族乡银平村

从江县翠里瑶族壮族乡

翠里瑶族壮族乡成立于1992年。地处从江县西南面，在都柳江支流的翠里河流域，处于月亮山区。翠里瑶族壮族乡东与斗里乡接壤，南靠广西洞头乡，西邻雍里乡和广西杆洞乡，北接西山镇，距从江县城37.5公里。

全乡面积165.33平方公里，辖20个行政村，107个村民组，49个自然寨，总人口13 369人。主要有瑶、壮、苗、侗、汉等5个民族，少数民族人口占总人口的94.37%。

翠里瑶族壮族乡蕴含着丰富多彩的民族文化，民风民俗淳朴浓厚，瑶族药浴、民族原生态舞蹈（瑶族长鼓舞，苗族、壮族芦笙舞）、瑶族传统造纸工艺和瑶族藤编手工艺，被称为是该乡的“民族文化四大宝典”。此外，该乡旅游资源丰富，有翠里大山和高武大山等原始森林，有被誉为世界三大沐浴文化之一的瑶族药浴，有苗族、壮族、瑶族等传统节日和民族风情。

湖南壮族

江华瑶族自治县清塘壮族乡

清塘壮族乡1984年10月1日成立，位于湖南省江华瑶族自治县中部，勾挂岭东麓，东与水口镇交界，南与小圩镇相邻，西北抵花江乡，乡政府驻地距县城80公里。潇水支流崇江自西向东横穿而过，境内四周高中间低，呈盆地状，山奇谷幽，地形奇特。

清塘壮族乡系湖南省唯一的壮族乡。现辖李家、贝家、清塘、田边、开源、矮岩、黄绿、中大、东陂、浮海、蒙家、观音山12个行政村，75个村民小组，人口7 317人，其中壮族人口4 610人，占总人口的63%，是一个典型的壮族人口聚居区。

火锅羊肉是清塘壮族乡的人民特别喜爱的民族饮食，具有独特风味。

壮文方案

壮文（Sawcuengh）是壮族使用的文字，用来书写壮族的民族语言——壮语。壮语的系属有争议，一般将其归入汉藏语系壮侗语族（侗台语族）壮傣语支（台语支）；另有认为壮语更接近南岛语系。由于长期和汉族接触，壮族一直以来都借用汉字来书写自己的语言；同时，部分壮语词汇亦传入了汉族语言，成为粤方言的组成部分。壮族也像京族一样，发明类似字喃的文字来记录自己的语言，壮语称之为Sawndip，也称方块壮字。

壮文版《毛泽东文选》

壮文版《邓小平文选》

壮文版《十八大文件汇编》

壮族先民在长期的生产实践和社会活动中，为了便于记事和进行交流，在商周时期就创造了刻划文字。这种文字在壮族创世史诗《布洛陀》中称为sawgoek，意为字根、词源。这是壮族最古老的文字。

从广西出土的战国至汉代的文物中可以看到，这种刻划文字是对物象轮廓的勾勒，有向象形文字发展的趋势。它比结绳记事前进了一步。后来，随着汉文化在壮族地区的广泛传播，壮族先民又吸取并仿造汉字六书的构字方格，创造出sawndip，意即生造字。这就是史籍所称的“土俗字”，又叫“方块土俗字”或“方块壮字”。这种文字有的是借用汉字的偏旁部首重新组合而成，有的则是借用汉字注壮语音义，有些是创造的类象形字。

字根和土俗字是壮族文字发展史上两个阶段的表现形式。学术界认为，壮族的土俗字始于唐，兴于宋而盛于明清，既有碑刻，且有大量的师公唱本和民歌抄本传世。壮族的许多传统长诗、神话故事等借此得以保存。由于历史的原因，这种文字没有得到规范和统一，至今只在民间范围内应用。现经初步搜集整理，已将民间流传的土俗字集注成《古壮字字典》出版。“古壮字”这一概念的确认，既反映了其作为一种民族文字的历史存在及作用，又能把传统壮字与今新创的拼音壮文区别开来。它表明壮族的文字历史悠久，并随着时代的前进又发展到了一个新阶段。

拼音壮文在20世纪50年代创造。中华人民共和国成立后，人民政府为了提高壮族人民的科学文化水平，帮助壮族人民创造了拼音壮文。这套拼音壮文以拉丁字母为字母，以壮族北部方言为基础方言，以武鸣县的壮语语音为标准音。1957年11月29日，国务院通过了《壮文方案》，并批准在壮族地区试点推行。至此，壮族人民有了合法的统一的文字。

1982年《壮文方案（修订案）》公布施行，壮文完全拉丁字母化。学术界习惯称1957年的《壮文方案》为老壮文，1982年重新修订的《壮文方案》为新壮文。

参考文献

1.《壮族百科辞典》编纂委员会. 壮族百科辞典. 南宁：广西人民出版社，1993

2. 广西壮族自治区地方志编纂委员会.（新编）广西通志. 民俗志. 南宁：广西人民出版社，1992

3. 张声震. 壮族通史（上）. 北京：民族出版社，1997

4. 梁庭望. 壮族风俗志. 北京：中央民族学院，1987

5. 周作秋等. 壮族文学史. 南宁：广西人民出版社，2006

6. 覃乃昌. 壮族稻作农业史. 南宁：广西民族出版社，1997

7. 覃彩銮. 壮族干栏文化. 南宁：广西民族出版社，1998

8. 梁庭望. 略论壮侗（侗台）语族民族的稻作文化. 壮族文化. 昆明：云南人民出版社，2004

9. 广西壮族自治区编辑组《中国少数民族社会历史调查资料丛刊》修订编辑委员会. 广西壮族社会历史调查（1）. 南宁：广西民族出版社，1984

10. 谢本书. 西南十军阀. 上海：上海人民出版社，1993

11. 莫济杰，陈福林. 新桂系史.第1卷. 南宁：广西人民出版社， 1991

12. 李宗一. 陆荣廷. 中国社会科学院近代史研究所. 内部资料

13. 李楠，孙思白. 民国人物传. 第1卷. 北京：中华书局，1978

14. 李宗仁口述. 唐德刚撰写. 李宗仁回忆录. 南宁：广西人民出版社，1988

15. 黄绍竑. 五十回忆. 武汉：岳麓书社，1999

16. 徐友春. 民国人物大辞典(增订版). 石家庄：河北人民出版社，2007

17. 刘寿林等. 民国职官年表. 北京：中华书局，1995

18. 中国民族网

图片提供者

（按姓氏音序排列）

百度
第 14 页
第 15 页
第 17 页
第 18 页（上）
第 28 页
第 38 页（上）
第 39 页
第 41 页（两幅）
第 42 页
第 44 页（上）
第 53 页
第 60 页
第 78 页
第 79 页
第 99 页（上）
第 124 页
第 125 页（下）
第 126 页（两幅）
第 127 页
第 128 页
第 129 页
第 131 页（下）
第 132 页（两幅）
第 133 页
第 134 页
第 136 页
第 137 页
第 151 页
第 158 页
第 159 页
第 163 页
第 164 页
第 165 页
第 166 页
第 167 页
第 168 页
第 169 页
第 170 页
第 171 页
第 172 页
第 173 页
第 174 页
第 175 页
第 176 页
第 177 页
第 178 页
第 179 页
第 184 页
第 186 页
第 187 页
第 191 页（两幅）
第 192 页
第 193 页
国家民委
第 91 页
黄甫康
第 107 页
第 108 页
第 109 页（两幅）
第 110 页
第 111 页
黄佩华
第 16 页（上）
第 20 页
第 23 页
第 30 页（两幅）
第 40 页（下）
第 74 页
第 75 页
第 95 页（两幅）
第 98 页
第 115 页（上）
第 118 页（下）
第 140 页（下）
第 143 页（下）
第 149 页（上）
第 161 页
李光琳
第 93 页
李桐
第 10 页
第 12 页
第 26 页
第 27 页（两幅）
第 61 页
梁海彪
第 32 页（下）
第 48 页
第 59 页
第 62 页（下）
第 63 页
第 64 页（下）
第 65 页
第 66 页（两幅）
第 67 页（两幅）
第 68 页
第 69 页
第 70 页（下）
第 94 页
第 96 页（上）
第 196 页
第 198 页（两幅）
梁汉昌
第 16 页（下）
第 34 页
第 35 页
第 51 页
第 52 页（下）
第 55 页（两幅）
第 57 页
第 62 页（上）
第 64 页（上）
第 70 页（上）
第 71 页（两幅）
第 73 页（两幅）
第 76 页（两幅）
第 80 页
第 81 页
第 82 页
第 84 页
第 85 页（两幅）
第 87 页（两幅）
第 88 页（两幅）
第 89 页（两幅）
第 90 页（上）
第 99 页（下）
第 100 页（三幅）
第 101 页（三幅）
第 102 页（两幅）
第 103 页
第 104 页（两幅）
第 105 页（四幅）
第 106 页
第 115 页（下）
第 118 页（上、中）
第 121 页（三幅）
第 141 页
第 142 页
第 143 页（上）
第 145 页
第 146 页
第 148 页（上）
第 153 页（下）
第 154 页
第 176 页
第 197 页（上）
第 199 页
第 200 页（两幅）
第 201 页
第 202 页
第 203 页
第 204 页（两幅）
梁建森
第 29 页
廖庆堂
第 86 页
第 149 页（下）
刘建国
第 144 页
罗南
第 19 页
第 52 页（上）
第 96 页（下）
第 97 页（两幅）
农思保
第 18 页（下）
潘刚卡
第 77 页
覃凤前
第 13 页
第 21 页
第 31 页
第 32 页（上）
第 113 页（两幅）
第 114 页
第 116 页
第 117 页
第 122 页
第 125 页（上）
第 131 页（上）
第 138 页
第 140 页（上）
第 152 页
第 153 页（上）
第 206 页（三幅）
王合兵
第 38 页（下）
王志刚
第 40 页（上）
第 92 页
韦荣峰
第 36 页
第 72 页
第 197 页（下）
韦峥
第 44 页（下）
第 45 页（两幅）
第 46 页（两幅）
第 47 页（两幅）
肖运宏
第 22 页
第 50 页
牙举清
第 90 页（下）
第 148 页（下）
第 150 页
姚愈任
第 54 页

后记

从去年下半年开始，我忽然变得很忙，除了工作之外，主要还是创作上的事。我们广西民族大学的八桂学者文学岗要求每个成员5年内写出两部长篇小说，这个任务说起来容易，写起来很难。然而，旁人可不管你这些，有好事情总会先想到某某人：他可以写。

某日，自治区民语委黄如猛处长电话找我，说辽宁民族出版社出一套55个少数民族的书，其中的《壮族》希望我来写。我略微犹豫，就答应了。

我为什么犹豫？因为第一，壮族是中国人口第一大的少数民族，人口众多，地域分布广，各地社会经济文化发展各不相同，要写好是不容易的。第二，壮族人才济济，我何才何能敢接这么重的活呢？第三，这类书散文不像散文，历史不像历史，理论不像理论，到头来往往吃力不讨好，里外不是人。第四，对事物的看法，每个人都有自己的视角，都有自己的态度，表述用词语言很难斟酌拿捏，弄不好会把一个民族写不好了。

尽管有这么多的杂念和想法，不过，我还是答应了。为什么要答应写《壮族》呢？因为我是壮族。因为是壮族所以我觉得自己应该义不容辞，责无旁贷。作为壮族的一分子，一名作家，自己不写壮族怎么对得起壮族呢！此外，我自己觉得自己还是一个正直的壮族人，会比较客观地表述壮族的方方面面。即便是有什么偏颇闪失，那也是眼界问题，绝不是良心问题。这样想了，我也就有了写好壮族的把握和信心。

辽宁民族出版社出版这套书是一个很大气的做法，很有意义。

黄佩华

2014年5月